A2e1h

Ottokar Oberthür
Am Rande 16
3500 Kassel

DEUTSCHER ALMANACH 1984

DEUTSCHER ALMANACH
1984

Herausgegeben von Reinhard Pozorny

Türmer-Verlag · D-8137 Berg/Starnberger See 3

Umschlag: H. O. Pollähne, Braunschweig
Kalendarium: Brigitte Tietge, Bad Nenndorf

ISBN 3 87829 078 0

1983
© Alle Rechte vorbehalten
Satz und Druck: Buch- und Offsetdruckerei Gugath & Sohn, München
Bindearbeiten: Buchbinderei Thomas, Augsburg

Inhaltsverzeichnis

JANUAR/EISMOND
Worte (Adalbert Stifter) 9
Worte (Gerhard Schumann) 9
Worte (Franz Grillparzer) 9
An die Kommenden (Hermann Reiße) 10
Du mußt an Deutschland glauben (Hermann Claudius) 11
Jahreswende (Renate Schütte) 12
„Meine Kinderjahre" (Marie Ebner-Eschenbach) 13
Rauhnächte (Hans Heinz Dum) 16
Die Umerzogenen (Karl Emmert) 17
Sieben Takte Liebe (Karl Springenschmid) 18
An Stätten Sepp Innerkoflers (Gerda Merschberger) 22
Ein Freund der Tiere (Helmut Diterich) 24
Geheim (Wolfgang Aichelburg) 26

FEBRUAR/HORNUNG
Worte (Will Vesper) 27
Worte (Johann Gottfried Herder) 27
Worte (Waldemar Bonsels) 27
Tu, was dir recht erscheint (Otto von Zschock) 28
Der Fremde (Paul Alverdes) 29
Kolbenheyers „umstürzlerische" Vorfahren (Ernst Frank) 35
Feuerwerk (Wilhelm Pleyer) 41
Der Genius (Detlev von Liliencron) 42
Muttersprache (Max von Schenkendorf) 43
Frühling wird es werden (Karl Leipert) 44

MÄRZ/LENZMOND
Märzsonne (Marianne Wintersteiner) 45
Auferstehung (Otthinrich Müller-Ramesloh) 45
Das Lachen (Richard Wolff) 46
Frühlingsduft (Hans Bahrs) 47
Von der Härte, vom Kampf und von der Treue (Werner Beumelburg) 47
Frühling (Ursel Peter) 51
An die Heimat (Ina Seidel) 52
Das große Heimweh – Gespräch mit einem Toten (Heinz Schauwecker) 53
Reiterlied (Friedrich von Schiller) 56
Kleine Geschichten (Heinrich Zillich) 57
Frühling (Editha Pöschko-Laub) 61
Klage (1809) (Joseph Freiherr von Eichendorff) 62
Nachtgespräch (Erich Lipok) 63
Heraus, wir Jungen! (Rudolf G. Binding) 64

APRIL/OSTERMOND
Worte (Herbert Böhme) 65
Dennoch! (Gerhard Schumann) 65
Worte (Gerhart Hauptmann) 65
Eines geht mich an . . . (Ernst Moritz Arndt) 66
Nachts am Fenster (Rose von Kracht) 67
Mein Vater (Gottfried Keller) 68
Das einzige Ziel (Heinrich Anacker) 70
Einem Tagelöhner (Conrad Ferdinand Meyer) 71
Nachbarskinder (Rudolf Jahn) 71
Fahrt auf der Mosel (Natalie Beer) 74
Balduin Brummsel (Manfred Kyber) 75
Die drei Diebe (Johann Peter Hebel) 78
Es stand vor eines Hauses Tor (Wilhelm Busch) 81

Die Heimat im Herzen (Gerhard Schulz)	82

MAI/WONNEMOND

Worte (Gerhart Hauptmann, 1945)	85
Worte (Friedrich Ludwig Jahn)	85
Worte (Otto von Bismarck)	85
Werkgeheiligt (Erwin Guido Kolbenheyer)	86
Bekenntnis (Martin Machule)	87
Friede (Karl Skala)	87
Frieden im Krieg (Mirko Jelusich)	88
Der Postillion (Nikolaus Lenau)	90
. . . (Josef Weinheber)	93
Die tragische und die magische Welt (Reinhard Pozorny)	94
Die Hoffende (Gerhard Eschenhagen)	100
Erinnerungen an eine Elbfahrt (Albert Ochmann)	101
Der Einen (A. W. Böhm)	102
Das Raunen der Runen (Georg Herrmann)	102
Auf ein altes Stadtbild (Robert Hohlbaum)	103

JUNI/BRACHMOND

Worte (Martin Luther)	105
Worte (Herbert Böhme)	105
Worte (Paul Ernst)	105
Feste feiern . . . (Peter Rosegger)	106
Junitag (Ursel Peter)	107
Blumenstrauß auf dem Konferenztisch (Helmut Diterich)	107
Freundlicher Tag (Elisabeth Sophie Reiprich)	109
Wir Männer aber . . . (Hans Venatier)	110
Du aber (Ernst Behrends)	111
Müller & Co. (Fritz Müller-Partenkirchen)	112
Herz voll Wind (Hans Bahrs)	113
Nicht auszuschöpfen (Alfred Csallner)	116
Besuch bei Hermann, dem Cherusker, 1944 (Robert Hampel)	117
Sonnenwende (Emil Magerl-Wusleben)	123
An der Grenze (Hans Heinz Dum)	124
Jan und Julia (Gudrun Embacher)	125

JULI/HEUERT

Worte (Friedrich der Große)	131
Worte (Peter Rosegger)	131
Worte (Plato)	131
Nicht beben . . . (Heinrich Anacker)	132
Ein Hase namens Peter (Renate Sprung)	133
Verschlossene Türen (Maria Müller-Indra)	138
Mährischer Park (Reinhard Pozorny)	138
Reiselied (Franz Karl Ginzkey)	139
Mein Glockenspruch (Karl Emmert)	140
Meinem Kind in die Wiege gesprochen (Veronika Handlgruber Rothmayer)	141
Vor der Ernte (Martin Greif)	142

AUGUST/ERNTEMOND

Worte (Alexander Berrsche)	143
Worte (Wilhelm von Humboldt)	143
Worte (Joseph von Eichendorff)	143
Nichts ist umsonst . . . (Elfriede Frank-Brandler)	144
Steinadler und Gamskitz (Franz Graf Zedtwitz)	145
Sommerreife (Walter Reiprich)	147
Kugelfang (Hans Casanova)	147
Wie es soll (Othmar Capellmann)	150

Der Schelm vom Berge
(Heinz Steguweit) 151
Fraget die Bäume! (Hans
   Bahrs) 154
Der Krug (Werner Schriefer) 157
Ewigkeit (Hanns Johst) 158
Ein getreues Herz (Paul
   Fleming) 159

SEPTEMBER/SCHEIDING
Worte (Heinrich von
   Treitschke) 161
Worte (Friedrich von Schiller) 161
Worte (Marie Ebner-
   Eschenbach) 161
Kunst (Heinrich Ohlsen) 162
Föhntag im Herbst (Natalie
   Beer) 163
Die braunen Blätter
   (Wolfdietrich Panter) 163
Die Rache der Buben von
   Winkelhofen (Sophie Droste-
   Hülshoff) 164
Birnen (Hans-Jürgen Evert) 168
Der blaue Teller (Richard
   Wolff) 168
Einem Zweifler (Christian
   Morgenstern) 172
Herbstgedanken (Elfriede
   Frank-Brandler) 173
Jugend 1939 (Konrad
   Friesenhahn) 174
Schicksale und Begegnungen
   (Karl Götz) 176
Das Gleichnis mit den
   Hengsten (Hans Venatier) 177
Einmal (Konrad Windisch) 179

OKTOBER/WEINMOND
Worte (Walther von der
   Vogelweide) 181
Worte (Fred Zaczyk) 181
Worte (Herbert Böhme) 181
Worte (Ernst Jünger) 181
Schöne Mondnacht im Okto-
   ber (Heinrich Anacker) 182
Heimat (A. W. Böhm) 183

Abschied von den Leierkästen
   (Gustav Sichelschmidt) 184
Herbstmorgen (Ernst
   Behrends) 187
Spätherbst (Hans-Jürgen
   Evert) 188
Der vergessene Posten
   (Hannswolf Ströbel) 189
Gefährtenruf (Hans-Michael
   Fiedler) 193
Die vier Wünsche (Bruno H.
   Bürgel) 197
Spruch (Agnes Miegel) 200

NOVEMBER/NEBELUNG
Worte (Friedrich Hebbel) 201
Worte (Peter Rosegger) 201
Gesang der Kärntner Helden-
   glocke (Johannes Lindner) 202
. . . (Josef Weinheber) 203
Inspirationen (Bruno Brehm) 204
Worte zu einer Hochzeitsfeier
   (Gerhard Schumann) 206
Wieder ein Tiroler mehr (Karl
   Springenschmid) 208
Eingreifen in Lothringen
   (Friedrich Einsiedel) 210
Nächtliche Wanderung
   (Renate Sprung) 214
Heimat (Wolfgang
   Jünemann) 215
Kranke Erde (Manfred
   Bremhorst) 216
Glaube (Hans Venatier) 217
Niemals verleugnen (Antoine
   de Saint-Exupéry) 218

DEZEMBER/JULMOND
Worte (Gerhard Schumann) 219
Worte (Friedrich von Schiller) 219
Worte (Walter Flex) 219
Deutsches Leid (Erwin Guido
   Kolbenheyer) 220
Ein Wintermärchen (Dorothea
   Wachter) 221
Siehst du den Stern? (Margarete
   Pschorn) 226

Weiter haben wir zu schweben (Heinz Steguweit)	227
Was ist der Mensch? (Robert Hampel)	228
Die Heimkehr der Magd Simona (Natalie Beer)	229
Wintersonnenwende (Fritz Stüber)	234
Deutsche Weihenacht (Erich Limpach)	235
Jahreswende (Adolfine Werbik-Seiberl)	236
Der letzte Gruß (Josef Hieß)	237
Hereinbrechende Nacht (Edeltraut Eckert)	238
Winterabend (Hans Friedrich Blunck)	239
Der alte Mann und das Mehr (Siegfried Bokelmann)	240

1. Neujahr
2. Montag
3. Dienstag
4. Mittwoch
5. Donnerstag
6. Hl. Drei Könige
7. Samstag
8. Sonntag
9. Montag
10. Dienstag
11. Mittwoch
12. Donnerstag
13. Freitag
14. Samstag
15. Sonntag
16. Montag
17. Dienstag
18. Mittwoch
19. Donnerstag
20. Freitag
21. Samstag
22. Sonntag
23. Montag
24. Dienstag
25. Mittwoch
26. Donnerstag
27. Freitag
28. Samstag
29. Sonntag
30. Montag
31. Dienstag

Wenn eine neue Zeit anbricht, in der alte Bräuche plötzlich geändert werden, so dringen natürlich immer zuerst die heftigen und ungestümen Menschen hervor, sie wollen gleich alles ändern, sie sind mit nichts zufrieden, sie wollen auch alles sehr schnell tun, gebrauchen gerne, wenn ihnen Hindernisse entgegenstehen, Gewalt und nehmen in ihrem Eifer jedes Mittel her, das ihnen tauglich scheint.
Solche Leute sind es meistens, die die ersprießlichsten Verbesserungen, welche die Besonnenen und Vorsichtigen eingeleitet haben, wieder zugrunde richten.

Adalbert Stifter

Gefährten, seht die Gefahr!
Steht fest, wenn das Treibholz treibt:
Nicht klammern an das, was war.
Doch leben aus dem, was bleibt.

Gerhard Schumann

Mag unsere Zeit mich bestreiten,
ich lasse es ruhig geschehn,
ich komme aus andern Zeiten
und hoffe in andre zu gehn!

Franz Grillparzer

An die Kommenden

Laßt uns die Frühen sein! Die Frühen sind
Vor Tag und Tun die wunderbar Erwachten,
Auf ihre Stunde die erfüllt Bedachten
Und die Vollbrachten, eh die Zeit verrinnt.

Laßt uns die Ersten sein, die unverweilt
Hinschreiten weit voraus zu ihrem Ziele,
Die mehr bedenken als nur Brot und Spiele
Und die Gewog der vielen nie erreicht.

Laßt uns die Fernsten sein vom Völkerzug
Der Vielbegehrenden und Tatenlosen!
Die Schaffenden sind in der Welt die Großen.
Wer ernten will, der führe selbst den Pflug.

       Hermann Reiße

Du mußt an Deutschland glauben

Du mußt an Deutschland glauben
so fest und klar und rein,
so wie du glaubst an die Sonne,
den Mond und den Sonnenschein.

Du mußt an Deutschland glauben,
als wäre Deutschland du,
so wie du glaubst, deine Seele
strebe dem Ewigen zu.

Du mußt an Deutschland glauben,
sonst lebst du nur dem Tod,
und mußt mit Deutschland ringen
bis an das Morgenrot.

Du mußt an Deutschland glauben,
daß es das Deine sei
und daß es nicht vergessen,
was Gott ihm zugemessen:
Daß es das Eine sei!

      Hermann Claudius

Jahreswende

Das alte Jahr geht nun zu Ende,
Es hat uns Freud und Leid gebracht. –
Ach, hielt ich jetzt doch deine Hände,
Ich sähe nicht so schwarz die Nacht!

Mein Herz sucht über viele Meilen
Den Weg zu dir ins ferne Land.
Es will voll Liebe zu dir eilen,
Weil ich in dir mein Leben fand.

Wie wird die Zukunft uns erscheinen?
Wird sie uns trennen allezeit?
Wird sie in Liebe uns vereinen?
Wer weiß das schon, sie liegt noch weit. –

Uns bleibt doch immer nur zu hoffen,
Daß, die wir lieben, glücklich sind.
Fortuna hält ihr Füllhorn offen
Für die, die glauben wie ein Kind.

Renate Schütte

„Meine Kinderjahre"

Meine Schwester Friederike war vierzehn Monate, ich war vierzehn Tage alt, als unsere Mutter starb. Dennoch hat eine deutliche Vorstellung von ihr uns durch das ganze Dasein begleitet. Ihr lebensgroßes Bild hing im Schlafzimmer der Stadtwohnung unserer Großmutter. Ein Kunststück, gemalt von Agricola. Er hat sie in einem idealen Kostüm dargestellt, einem bis zum Ansatz der Schultern ausgeschnittenen, dunkelgrünen Samtgewand mit hellen Schlitzen und langen weiten Ärmeln. Der Kopf ist leicht gewendet und etwas geneigt; der Hals, die auf der Brust ruhende Hand sind von schimmernder Weiße und gar fein und schön geformt. Das liebliche Gesicht atmet tiefen Frieden; die braunen Augen blicken aufmerksam und klug, und aus ihnen leuchtet das milde Licht eines Geistes so klar und wie tief.
Zu diesem äußeren Ebenbild stimmten die Schilderungen, die uns von dem Wesen, dem Sein und Tun unserer Mutter gegeben wurden. So einhellig wie über sie habe ich nie wieder über irgend jemand urteilen hören. Wenn die Rede auf sie kam, hatten die verschiedensten Leute nur eine Meinung. Und gern und oft sprach man von ihr. Besonders hoch in Ehren stand ihr Gedächtnis auf ihrem väterlichen Gute Zdißlawitz, wo der größte Teil ihres Lebens verflossen war.
Ich glaube, daß meine Liebe zu den Bewohnern meiner engsten Heimat ihren Ursprung hat in der Dankbarkeit für die Anhänglichkeit und Treue, die sie meiner Mutter über das Grab hinaus bewahrten. Die Diener sprachen von ihr, die Beamten, die Dorfleute, die Arbeiter im Garten. Ein alter Gehilfe nannte ihren Namen nie, ohne das Mützlein zu ziehen: „Das war eine Frau, Ihre Mutter! . . . Gott hab sie selig." Da wurde mir immer unendlich stolz und sehnsüchtig zumute: „Ich seh ihr ähnlich, nicht wahr? Geh, sag ja!" – Er zwinkerte mit den Augen und schob die Unterlippe vor: „Ähnlich? Ähnlich schon, aber ganz anders." Es sollte sich niemand mit ihr vergleichen wollen, nicht einmal ihre eigene Tochter. – „Ja", fuhr er nach einer Pause fort, „blutige Köpfe hat's gegeben bei ihrem Begräbnis; geschlagen haben

sie sich um die Ehre, ihren Sarg zu tragen. – Das war eine Frau!"
Man hatte uns die Überzeugung beigebracht, daß sie vom Himmel aus über uns wache und uns als ein zweiter Schutzengel umschwebe in Stunden der Krankheit oder der Gefahr. Ich vergesse nie, mit welcher Zuversicht und mit welcher geheimnisvollen Glückseligkeit das Bewußtsein ihrer Nähe mich oft erfüllte.
In einem Punkte hatte ich dasselbe Schicksal erfahren wie sie. Auch ihr Leben war um den Preis des Lebens ihrer Mutter erkauft worden, und auch ihr war die auserlesene Schicksalsgunst zuteil geworden, für den schwersten Verlust den denkbar besten Ersatz zu finden – die liebreichste und gütigste Stiefmutter. Die ihre, unsere vortreffliche Großmutter Vokel, erreichte unserer Kindheit zum Heile vorgerückte Jahre. Sie blieb bei uns nach dem Tode ihrer Tochter; sie verließ uns auch dann nicht, als unser Vater sich wieder verheiratete.
In Wien bezog sie eine Wohnung im ersten Stock seines Hauses, dem sogenannten „Drei-Raben-Haus" auf dem damals sogenannten „Haarmarkt". Wir bewohnten den zweiten Stock. Im Sommer lebte sie mit uns auf dem Lande.
Sie war klein und mager und hatte einen für ihre zarte Gestalt etwas zu großen Kopf. Ihr Gesicht blieb noch im Alter schön. Ein edel und kräftig gebautes Antlitz. Die Stirn von klassischer Bildung, die Nase schlank und leicht gebogen, mit feinen beweglichen Flügeln. Der Mund schmal und gerade, die Lippen fest geschlossen – so charakteristisch für die vereinsamte, stolze, schweigsame Frau. Ihre großen, tiefdunklen Augen hatten einen schwermütigen Ausdruck. Ich habe ihn manchmal sich wandeln sehen in einen schmerzlich-geringschätzigen; zu einem verachtungsvollen, verdammenden wurde er nie. Sie wunderte sich nicht leicht über ein Unrecht, das sie begehen sah; durch eine hochherzige Handlung, deren Zeugin sie war oder von der sie hörte, konnte sie so freudig überrascht werden wie durch ein unerwartetes selbsterlebtes Glück. Ein solches eigenes war ihr gleichsam nur im Vorübergehen zuteil geworden. Unser

Großvater und sie hatten geheiratet aus Liebe – nicht zueinander, sondern zu einem Kinde, zu seinem Kinde. Und in dieser Liebe erst hatten sie sich, und ihr anfangs geschwisterliches Verhältnis reifte langsam zu einem schönen ehelichen heran.
Der Tod löste den Bund und nahm auch bald darauf der Verwitweten die einzige vielgeliebte Tochter. Diese hatte in ihrem Testamente ihren Gatten zum Herrn auf Zdißlawitz eingesetzt. So war nun unsere Großmutter ein Gast geworden in ihrem ehemaligen Haus und Heim. Sie beschied sich. Sie wünschte nichts mehr, als nur in der Nähe der Kinder ihres Kindes leben zu dürfen.

In der kleinen Erzählung „Die erste Beichte" habe ich eine Skizze von der herrlichen Frau entworfen. Die eigentümliche Art ist erwähnt, in der sie, die kaum je eine Besorgnis, geschweige denn eine Klage aussprach, Klagen aufnahm. „Alles geht vorüber, alles wird gut", sagte sie halblaut vor sich hin. Und wenn es in ihrer Macht lag, das Üble und Traurige gutzumachen, dann wurde es gut.
Ausgesprochen hat sie es nicht, im stillen soll sie aber sehr gelitten haben, als unser Vater sich wieder vermählte und an die Stelle unserer Mutter eine jüngere und schönere Frau trat, „Maman Eugénie", eine geborene Freiin von Bartenstein. Das erste Kind, das sie zur Welt brachte, war ein Knabe und das zweite wieder ein Knabe, während die Verstorbene ihrem Gatten nur Töchter geboren hatte. Nun würden wir nichts mehr gelten, besorgte die Großmutter. Zurückgesetzt würden wir werden und zu fühlen bekommen, daß es eigentlich uns, den Älteren, zugestanden hätte, männlichen Geschlechts zu sein.
Die Besorgnisse der lieben, alten Frau erwiesen sich als ganz ungerechtfertigt. Unsere junge Mama schloß uns ebenso innig ins Herz wie ihre eigenen Kinder, die kleinen Brüder und das holde Schwesterlein, das ihnen nachfolgte. Wir ließen es uns sehr wohl sein unter der milden mütterlichen und großmütterlichen Herrschaft, und unser Übermut wäre allmählich stark ins Kraut geschossen, wenn ihn die Hand der

temperamentvollen Kinderfrau nicht niedergehalten hätte. Gewiß trifft das auch im Leben ein, aber oft so spät und in so verhüllter Weise, daß menschliche Augen den Zusammenhang nicht mehr entdecken. In unserer Kinderstube ging die Sache rasch und einfach vor sich. Wenn eine Tür heftig zugeworfen wurde, wenn es beim Spiel allzu lautes Geschrei oder arge Streitigkeiten gab, kam Pepi daher auf ihren großen, weichen Schuhen und hielt Gericht. Ohne erst zu fragen, wer der Schuldigste sei, teilte sie – darin ein ganz getreues Bild des Schicksals – ihre Schläge aus. Wir nahmen sie ohne Widerspruch in Empfang und liebten unsere Pflegerin und Richterin. Wir fürchteten sie nicht einmal sehr, so laut sie manchmal auch zankte und so zornig sie uns anfunkeln konnte mit ihren feurigen schwarzen Augen.

Marie Ebner-Eschenbach

Rauhnächte

Der Winter hockt vorm Hause dicht
und treibt den Schnee bis an die Tür;
in der Latern verlöscht das Licht,
die rauhe Nacht kriecht schwarz herfür.
Der Wind die Birkenkrone zerrt
und rüttelt wild am Gartentor,
die Wächte dem den Weg versperrt,
der nicht schon längst den Pfad verlor.
Ein Seufzen schlürft am Waldesrand,
die Wilde Jagd die Lüfte teilt
und greift nach jedes Menschen Hand,
der fromm zu Herd und Hause eilt.
O Nächte lang! O Nächte bang!
Die Unruh und die Angst zerbricht
an eines Herzens Hochgesang.
Und nach der Zwölften wird es licht!

Hans Heinz Dum

Die Umerzogenen

Sie wohnen auf gestutzten Raseninseln,
in Menschenwaben oder Siedlungsbau.
Der Lebensstrom erstarrt zu Blutgerinnseln
in selbstgefällig enger Nabelschau.

Streng abgesondert in bequemer Klause,
beschäftigt mit dem eig'nen Schicksalslos,
besitzen sie zwar alle ein Zuhause,
doch ihre Herzen bleiben heimatlos.

Sie kennen nicht mehr viel vom Geist der Ahnen.
Was wissen sie von deren Tatenruhm?
Wenn sie betriebsam in die Zukunft planen,
dreht sich ihr Denken nur um Eigentum!

Sie kümmern sich nicht um des Nachbarn Sorgen,
geschweige denn, ob unser Volk verdirbt
und unser Enkelsohn vielleicht schon morgen
in fremdem Sold auf fernem Felde stirbt!

Müssen uns wirklich Ketten erst verbinden,
mit denen Machtwahn uns von Freiheit trennt,
eh' wir in Einheit zueinanderfinden
als Volk, das sich zum Vaterland bekennt?

Karl Emmert

Sieben Takte Liebe

Eigentlich wußte Arne sehr wenig von ihr. Daß sie Denis gerufen wurde. Denis Sentin — er hatte ihren Namen auf dem Programm des Schülerorchesters gelesen — daß sie aus Lyon kam und die Tochter eines Seidenhändlers war. Seide und Denis, das paßte gut zusammen. Und natürlich, daß sie Geige spielte, nicht gerade großartig, doch immerhin etwas besser, als sonst Mädchen von siebzehn Jahren Geige spielen. Das Wichtigste aber, was Arne wußte, fühlte, empfand, täglich, stündlich erlebte: Daß er dieses zarte, scheue, etwas linkische Mädchen liebte . . . liebte . . .
Aber Arne Björnlund stammte aus Gudbrandsdalen, wo die Welt noch geblieben ist, wie sie Gott erschaffen hat, und die Bauern noch bis zum Halse in der Erde ihres Ackers stecken und alles im Leben noch ein düsteres Gesicht hat und schwer nach innen schlägt, schon gar die Liebe.
An diesem strahlenden Sommermorgen aber führte das Schicksal selbst Regie. Lächerlich, das, was geschah, Zufall zu nennen. Fügung war es, glücklichste Fügung, daß Arne, von der Brücke herüberschwenkend, und Denis, den Platz überquerend, vor dem Mirabellgarten zusammentrafen, pünktlich wie bei einem Rendezvous und genau an der Stelle, wo die vier marmornen Athleten die Arme steil zum Empfang emporstreckten, um glückliche Paare durch dieses Tor passieren zu lassen.
Arne grüßte, Denis dankte. Arne lächelte, obwohl ihm, wie jedem, der das erstemal im Leben verliebt ist, todernst zumute war. Auch Denis lächelte. Vielleicht war ihr ähnlich zumute wie ihm. Er hätte sagen können: „Guten Morgen, Frau Hofrat!" Soviel hatte er nämlich bei der alten Beamtenwitwe, bei der er wohnte, schon gelernt. Oder: „Küss' die Hand, Frau Hofrat!" natürlich ohne „Frau Hofrat" anzuhängen.
Doch es kam ihm läppisch vor, in seinem Zustande mit eingelernten Redewendungen zu prunken. Abgesehen davon, daß damit nichts gesagt wäre. Und, weiß Gott, ob Denis ihn überhaupt verstanden hätte. Französisch — oh, da sah es bei

Arne Björnlund noch viel übler aus. Das versuchte er lieber gar nicht.
Vielleicht hatte Denis ähnliche Bedenken. Woher sollte auch ein Mädchen aus Lyon wissen, wie man in Norwegen „Guten Tag!" sagt oder „Ich freue mich, Sie zu sehen!"
So schritten denn die beiden schweigend, lächelnd, – lächelnd schweigend durch den sommerbunten Garten. Der Springbrunnen sprang und spielte Regenbogen. Der Jasmin duftete stürmisch und in den Linden sangen die Vögel.
Aber es mußte etwas geschehen. Es geschieht doch immer etwas, wenn zwei sich lieben, sogar in Gudbransdalen. Wie gut wäre es gewesen, mit diesem Mädchen ein kluges Gespräch zu beginnen: „Ich bin Cellist. Doch das haben Sie gewiß schon bemerkt. Ich stamme aus Lillehammer. Mein Vater ist Möbelfabrikant. Wir sind sieben Kinder. Ich erhielt ein Stipendium des Königlichen Konservatoriums in Oslo . . .
Leider blieb dieses schöne Gespräch unausgesprochen, weil jedes gemeinsame Verständigungsmittel fehlte. Arne schwieg und lächelte, Denis lächelte und schwieg.
Sie kamen an dem großen Standbild vorbei und blieben eine Weile, nicht zu lange, davor stehen: Pluto entführt Persephone. So müßte man es machen, dachte Arne, dem Mädchen einfach kurz entschlossen den Arm um die Hüfte werfen, das Ganze an sich reißen und entführen. Wie leicht hatten es doch diese Leute damals! Sie griffen zu und nahmen sich, was sie wollten. Wie schwierig ist das unter zivilisierten Menschen geworden.
Herkulische Kräfte erwachten in Arne Björnlund. Doch wozu? Er schritt doch bloß im blauen Pullover und grauer Flanellhose, sorgsam auf die Bügelfalte achtend, still und sittsam neben dem Wesen einher, das er gewiß nicht weniger liebte, als Pluto seine Persephone und riskierte nicht einmal, dem Mädchen seinen Arm anzubieten. Von einem Um-die-Hüfte-legen gar nicht zu reden. Daran wagte er nicht einmal im geheimen zu denken. Etwas mußte geschehen. Das stand fest. Nichts Gewalttätiges, wie da oben, doch immerhin etwas Entscheidendes, Unwiderrufliches.

Denis stieg lächelnd die Stufen zwischen den beiden moosbewachsenen Löwen hinan, die so steinern schwiegen, als könnte gleichfalls einer des anderen Sprache nicht verstehen. Dann bog sie zu der kleinen, reizenden Naturbühne ein, wo die hohen Hecken und Kulissen so schmal werden, daß nur mehr eines hinter dem anderen gehen kann. Zögernd folgt Arne auf die Bühne nach.
Jetzt muß etwas geschehen. Davon war Arne mehr denn je überzeugt, jetzt und hier.
In ihrem duftigen Sommerkleidchen, zart wie eine Morgenwolke, schwebte ihm Denis leichten Schrittes voran. Arne mußte sie anhalten, mußte ihr erklären, wie es um ihn stand, mußte sprechen, mußte, mußte . . .
Doch in welcher Sprache? Was er sprechen wollte, konnte Denis nicht verstehen. Was Denis zu antworten gedachte, hätte Arne nicht verstehen können. Wozu also sprechen?
Doch geschehen mußte etwas. Arne faßte sich.
Pluto im Garten draußen machte es sich leicht. Er schlang den Arm um Persephone und entführte sie. Arne holte Atem, einmal, zweimal, dreimal. Dann stupfte er Denis mit dem kleinen Finger auf die Schulter. Geschehen ist geschehen. Und es gehörte nicht weniger Mut dazu, als für Pluto, wenn er Persephone um die Taille griff.
Denis blieb erschrocken stehen, wandte sich herum und blickte dem blonden Hünen mitten in das Antlitz. Dem äußeren Formate nach wäre Arne Björnlund kein übler Pluto gewesen. Der Unterschied lag nur im Temperament. Schließlich stammte Pluto aus Griechenland, Arne aus Gudbransdalen. Denis errötete ein wenig; denn dies stand ihr sehr gut. Arne errötete gleichfalls, was ihm sehr peinlich war. Schön war Denis eigentlich nicht. Sie war nur schön, wenn sie Geige spielte. Doch gerade daß sie anders schön war als die übrigen Mädchen in diesem schwierigen Internationalen Sommerkurs, liebte Arne so sehr an ihr.
Jetzt war mit einem verlegenen Lächeln allein nicht weiterzukommen, das fühlte Arne deutlich. Doch er hatte in Gudbransdalen nichts anderes gelernt, als zu schweigen, zu lächeln und nötigenfalls zu erröten.

Die hohen Hecken schimmerten. Amseln huschten durch die Zweige und es war so still.

Arne konnte doch nicht einfach dieses zarte Seidenmädchen aus Lyon an sich ziehen und festhalten, wie er es bei Pluto gesehen hatte. Schon viel, daß er seine Hand auf ihren Arm legte.

„Ich bin dir gut", sagt man bei solchen Gelegenheiten in Norwegen. Doch das war keine Sprache für Denis. Verzweifelt blickte er sich um. Niemand da, der ihm helfen konnte. Die Hecken, die Amseln . . .

Da kam ihm ein Gedanke. Statt zu sprechen, gab es doch etwas Besseres, Höheres, Allgemeineres. Ist nicht die Musik die Sprache der Liebenden? Also blickte Arne Björnlund auf das zarte, schmale Antlitz des Mädchens hernieder und summte lächelnd den Part aus dem Trio der Serenata D-Dur, sieben Takte Liebe, und ließ Mozart sagen, was er selbst nicht zu sagen vermochte.

Denis aber lauschte verzückt der dunkel schwebenden Melodie des Cello, hob sich auf die Zehen, spitzte den Mund auf komische Art und sang mit glücklichem Lächeln den Part der Violine dazu – vollendete Harmonie der Herzen.

So fanden sich die beiden Liebenden, die sich in keiner Sprache dieser Erde finden konnten, fanden sich in der himmlischen Sprache der Musik und verständigten sich mit heimlicher Unterstützung von Wolfgang Amadeus Mozart, Köchelverzeichnis 239.

Die Erde versank. Der Himmel öffnete sich. Arne Björnlund schlang zaghaft Denis den Arm um die Hüfte und war in diesem Augenblick bereit, was er liebte, kühn in sein Reich zu entführen und für immer festzuhalten, wie ein Pluto seine Persephone.   Karl Springenschmid

An Stätten Sepp Innerkoflers

Noch eine Reihe von Jahren sollte vergehen, ehe ich meine Absicht, die Dolomiten aufzusuchen, verwirklichen kann. Wie oftmals im Leben ist der Zufall im Spiele. Oder wäre es richtiger zu sagen: Schickung? Auf einer heimatkundlichen Wanderung zu Hause gerate ich in ein Gespräch über die Sextener Dolomiten und erfahre dabei die Anschrift des „Dolomitenhofes" in dem weltbekannten Fischleintal. Auch mir ist es von einem kurzen Ausflug dorthin nicht mehr fremd. Damit steht mein Reiseplan für den Sommer fest, und tatsächlich erhalte ich eine Zusage.
Es ist August und – wie zu erwarten – überall Hochsaison. Nach langer Bahnfahrt und zuletzt im Taxi gelange ich ans Ziel. Doch was ist aus Sepp Innerkoflers einstigem Hof geworden? Ein moderner Hotelbetrieb empfängt mich, in dem das Welsche zu überwiegen scheint, im Ton neutral und unpersönlich. Es gibt mir innerlich einen Stich. Aber schließlich sind zwei Generationen darüber hingegangen, beschwichtige ich mich selbst. Zutiefst fühle ich mich jedoch jenem anderen, schon „legendär gewordenen" verbunden, dessen Grab in Sexten ich längst aufgesucht habe. Meiner Meinung nach gibt es kaum einen schöner gelegenen Friedhof in ganz Südtirol, hier mit dem Blick auf die berühmte „Sextener Sonnenuhr", wie der Volksmund die Gipfel ringsum vom Neuner bis zum Einser gern nennt.
Auch vom Dolomitenhof selbst genießt man einen herrlichen Ausblick zum Talschluß mit den markanten, fast drohenden Wänden des Elfers und Einsers und zwischen ihnen auf den wie aus einem Märchenbuch geschnittenen formschönen Zwölferkofel. Tagein und tagaus begleitet mich dieses wunderbare Dolomitenbild. Doch noch gewaltiger drängt es mich zu einem anderen hin. Gleich am zweiten Tage mache ich mich auf den Weg durchs Altensteintal zur Dreizinnenhütte. Als ich sie erreiche, sehe ich mich einer der großartigsten Felsschöpfungen gegenüber: den Drei Zinnen. Unnahbar ernst und feierlich stehen sie da. Und doch hat der Wagemut vieler Kletterer schon diese lotrechten Wände

bezwungen und zu den Gipfeln hinaufgefunden. Gar manchem aber sind sie auch zum Verhängnis geworden. „Grenzsteine Gottes" hört man sie mitunter nennen. Ja, das war einmal: Diesseits Alt-Österreich und jenseits erst Italien; über ein halbes Jahrhundert ist das nun schon her. – Halblinks von den Drei Zinnen erhebt sich noch ein weiterer, oft genannter Gipfel: der Paternkofel. Er ist zum Schicksalsberg des einst so beliebten und gefeierten Bergführers Sepp Innerkofler geworden, als er im Sommer 1915 den Gipfel im Handstreich der italienischen Besatzung entreißen sollte.

Auf seinen Spuren und ihm innerlich irgendwie verbunden durchwandere ich nun das Gebiet der Drei Zinnen. Ihnen gelten die meisten meiner Touren. Von allen Seiten her suche ich mich ihnen zu nahen: durch das Innerfeldtal, vom Dürrensee rienzaufwärts, sie an der Auronzohütte vorbei umkreisend oder von der Zsigmondyhütte her über das Büllelejoch hinweg aufsuchend. Doch nur zu oft ist es kein unbeschwertes, frohgemutes Wandern, wie ich es sonst kenne. Zu viele stumme Zeugen der einst auch in diesem weitläufigen Gebiet tobenden Dolomitenfront gemahnen zu Einkehr und Stille vor dem großen Opfer dieser blutigen Geschehnisse:

„Gerungen wie die Helden, verblutet Mann für Mann,
nur Lieder werden melden, was Großes sie getan; . . ."
Diese Verse aus einer Strophe des Kaiserjägerliedes vom zweiten Regiment kommen mir nicht aus dem Sinn. Zu gewaltsam erscheint mir beim Nachgrübeln der Einbruch der Menschenwelt und ihres Treibens in Gottes reine und freie Schöpfung! So mischt sich für mich immer wieder ein Tropfen Wermut in den Freudenbecher dieses wunderbaren Landes.
Gerda Merschberger

Ein Freund der Tiere

Beinahe hätte ich ihn nicht wiedererkannt. Es lagen immerhin 30 Jahre dazwischen, und in so langer Zeit verändert sich ein Mensch. Lothar Messering aber war derselbe geblieben. Das heißt innerlich, äußerlich hattte er mit dem Schulkameraden, der mit mir auf der Schulbank der Quarta gesessen hatte, kaum etwas gemein.
Sein Äußeres also gab mir keinerlei Anhaltspunkte, obwohl in der Manege des großen Zirkus die Lichter erstrahlten, in deren Mitte der schmächtige kleine Mann, bekleidet mit einem weißen Hemd und weißer Hose, stand, um sich zu verbeugen. Vielleicht waren auch die Gitter des Löwenkäfigs schuld daran, daß ich den Dompteur nicht genau erkennen konnte.
Als dann aber die fünf prächtigen Löwen in das Gittergehege schlurften, um auf den Podesten Platz zu nehmen, erwachte meine Erinnerung. „Cäsar!" – dieser Ruf des Dompteurs brachte mir blitzartig jene Stimme wieder in das Gedächtnis, mit der Lothar Messering immer von der Türe her gerufen hatte, wenn der Lateinprofessor – Cäsar mit dem Spitznamen – in Sicht gekommen war.
Dann fielen mir an den Bewegungen des Dompteurs manche Gesten auf, die ich kannte, ich versuchte das Antlitz des mutigen Mannes zu erkennen, und plötzlich wußte ich: Diese leicht aufgestülpte Nase, diese abstehenden Ohren, diese schlacksigen Bewegungen, sie mußten Lothar Messering gehören.
Ich sah, wie er die Löwen mühelos zu den Kunststücken trieb, die er ihnen beigebracht hatte und die sie mit mürrischer Bösartigkeit unter dem Zwang des Willens und der Peitsche des kleinen Mannes ausführten, so, wie er einst in der Schule neben mir in der Bank die weißen Mäuse und Goldhamster mit seiner Stimme beschwichtigt hatte, wenn ihnen ihr Gefängnis, meist eine Schachtel, in die ein paar Löcher zur Atmung gestochen waren, unter der Bank zu eng wurde.
„Still, wollt ihr wohl still sein?" pflegte er zu flüstern und mit

seiner Hand vorsichtig in die Schachtel zu greifen, was die Tiere sofort beruhigte. Alle Tiere liebten Messering so, wie er sie wiederliebte. Die Eltern hatten ihren Sohn zu Höherem bestimmt, während er selbst, statt Cäsar und Cornelius Nepos zu übersetzen, lieber in den Wald ging, um Eidechsen und Blindschleichen zu fangen und zu Hause weiße Mäuse zu züchten, Kanarienvögel und Hasen.

„Messering, was soll bloß einmal aus Ihnen werden?" fragten die Lehrer, wenn sie entdeckten, daß Lothar wieder einmal eine Schachtel mit Getier dabei, seine Schulhefte aber vergessen hatte.

Er war Tierhändler im Nebenberuf, verkaufte seine Züchtungen an die einzige Tierhandlung am Ort und schaffte sich für das erlöste Geld immer neue, immer seltenere Exemplare an, die er zu Hause im Keller seiner Eltern pflegte und hielt.

Daran mußte ich denken, als ich nun zusah, wie Lothar Messering in der Manege stand und mit den Königen der Tiere umsprang, als seien es die weißen Mäuse seiner Jugendzeit. Später übrigens war er dann von der Schule gegangen, wir hatten uns aus den Augen verloren.

Die Schlußgruppe im Löwenkäfig war gekommen, der Beifall des Publikums brauste auf, der Dompteur verbeugte sich, und als er zu mir herblickte, meinte ich, er könnte mich erkannt haben. Das war in der Masse der Zuschauer zwar unmöglich, aber ich dachte, Messering würde sich freuen, wenn ich ihn besuchte, nun, da er berühmt geworden war und Löwen bändigte, nachdem er einst an Kaninchen und Meerschweinen seine tiefpädagogischen Fähigkeiten erprobt hatte.

„Während der Pause kann die Tierschau besichtigt werden!" klang es aus dem Lautsprecher. Eine willkommene Gelegenheit, Lothar Messering aufzusuchen und ihn zu fragen, ob er sich meiner noch erinnere. „Ich möchte zu dem Löwendompteur", sagte ich zu einem livrierten Manegendiener. „Meinen Sie den echten oder den anderen?" fragte der Mann, und dann, als er mein überraschtes Gesicht sah, „ach so, Sie meinen Lothar. Dort, dort hinten ist er geade beschäftigt. Bei den Raubtieren werden Sie ihn finden."

Dann stand ich vor Lothar Messering. Den weißen Anzug hatte er abgelegt und mit einer schmutzigen Stallknechtsuniform vertauscht. Er lächelte, als ich sagte, wer ich sei. „Ja", meinte er dann, „der Dompteur ist krank geworden, da bin ich für ihn eingesprungen." „Und sonst", fragte ich, und in meiner Frage war unausgesprochen mit eingeschlossen die Frage, warum er nicht selbst immer diese Rolle spielte.
„Ich bin zufrieden mit meinen Tieren", sagte er, „zum Dompteur in der Manege hat's nicht gereicht. Den will das Publikum anders sehen." Er blickte mich an, und ich verstand. Groß und stark und stattlich wie Tarzan, das war er wirklich nicht.
Dann lächelte er und trat an den Löwenkäfig heran. Sofort erhoben sich die Tiere und kamen schnuppernd heran. Er streckte die Hand durch das Gitter und streichelte Cäsar, den größten der Wüstenkönige. „Sie kennen mich so gut wie den, der sonst immer mit ihnen auftritt. Er ist mein Sohn. Er hat mein Talent geerbt." Helmut Diterich

Geheim

Geheimer als das wachsende Gedicht
ist einer stillen Stunde Innenlicht.
Um Sprache möcht ich diesen Klang nicht missen,
den ungesprochen klaren und gewissen,
der sich dem Wort und seiner Haft enthält
und gegenwärtig bleibt und Sinn und Welt,
wo ich nicht strebe, wo ich selber bin,
kein Abbild präge, aller Bilder Sinn.

Wolfgang Aichelburg

1.	Mittwoch
2.	Donnerstag
3.	Freitag
4.	Samstag
5.	Sonntag
6.	Montag
7.	Dienstag
8.	Mittwoch
9.	Donnerstag
10.	Freitag
11.	Samstag
12.	Sonntag
13.	Montag
14.	Dienstag
15.	Mittwoch
16.	Donnerstag
17.	Freitag
18.	Samstag
19.	Sonntag
20.	Montag
21.	Dienstag
22.	Mittwoch
23.	Donnerstag
24.	Freitag
25.	Samstag
26.	Sonntag
27.	Montag
28.	Dienstag
29.	Mittwoch

Herrgott, gib uns zu aller Zeit
Männer, die lieber zu sterben bereit
und die lieber verbrennen,
als sich von der Wahrheit zu trennen,
und die das brauchen wie Atemluft,
daß sie einen Schuft
auch Schuft nennen.   Will Vesper

Ohne Begeisterung geschah nichts Großes
und Gutes auf der Erde.
Diejenigen, die man für Schwärmer hielt,
haben dem menschlichen Geschlecht die
nützlichsten Dienste geleistet.

          Johann Gottfried Herder

Schmäht nicht das Dunkel, fürchtet nicht
die Nacht!
Es ist allhier, soweit das Auge sieht,
noch jedes Licht aus Finsternis erwacht,
der Hoffnung Glanz, des Vogels
Morgenlied.

Umflammt ist das geliebte Land,
die Heimat, unser Glaube, unser Schmerz.
Doch ehern stark und ewig unverwandt
begründet sie zuletzt das echte Herz.

          Waldemar Bonsels

Tu, was dir recht erscheint

Gewiß, du kannst dich irren
— hast es schon oft getan —,
doch laß dich nicht verwirren
auf der Gedanken Bahn!

Was heute ist, stirbt morgen,
was unumstößlich galt,
es macht dir plötzlich Sorgen,
nimmt andere Gestalt.

Doch eines sei dir eigen:
Der Mut zum Sein und Tun.
Will sich auch Zweifel zeigen,
du darfst nicht zögernd ruhn.

Und wenn sich Einst und Heute
in keiner Weise eint,
dann hör nicht auf die Meute —
tu', was d i r recht erscheint!

Otto von Zschock

Der Fremde

Um die Adventszeit des Jahres 1915 ist in den großen Saal eines Kölner Lazarettes ein kriegsgefangener Verwundeter von einer besonderen Art eingeliefert worden. Er gehörte nämlich keiner der kämpfenden Nationen an, sondern stammte aus einem neutral gebliebenen Lande. Aus leidenschaftlicher Liebe und Bewunderung für Frankreich und französisches Wesen, wie sie zu jener Zeit in seinem Heimatlande besonders häufig, ja die Regel waren, hatte er sich gleich nach dem Ausbruch des Krieges in die französische Armee einreihen lassen. Bei einem Nachtgefecht in den Argonnen war er verwundet liegengeblieben und in die Gefangenschaft der Deutschen geraten.
Den übrigen Bewohnern jenes Saales war er nicht willkommen. Der Landwehrmann Brendahl, ein Handwerksmeister aus dem Oldenburgischen, bekam einen dunkelroten Kopf vor Zorn, als die Schwester, nachdem der besinnungslos Fiebernde in seinem Bett untergebracht war, sie vorsichtig mit der besonderen Artung des Ankömmlings bekanntmachte. So etwas könne er überhaupt nicht verstehen, murrte er. Er könne schon verstehen, daß Krieg sei, und was dann aktive Leute seien und was gediente Leute seien, die müßten dann eben heran. Soweit sei alles in Ordnung und nichts gegen zu melden.
„Aber so einer", – fuhr er fort und klopfte sich dabei mit dem Finger heftig an die Schläfen und auf die Brust, – „anstatt seinem Herrgott täglich auf den Knien zu danken, daß er es nicht nötig hat – nein, der hängt sich mit seiner Rotznase in fremde Sachen von fremden Leuten. Einem solchen grünen Jungen müßte sein Vater alle Knochen im Leibe entzweischlagen, und wenn er auf den nackten Knien nach Hause gerutscht kommt. Denn warum? Weil es ein Frevel ist vor Gott und vor seinem Leben und vor allen Leuten, die ehrlich daran glauben müssen; was kein Spaß ist."
Er bedanke sich darum, schloß Brendahl, sich umblickend, für solche Gesellschaft, und für ihn sei sie Luft.
Dieser Meinung schlossen sich die übrigen an, und auch die

beiden kleinen Freiwilligen, die mit auf dem Saale hausten, wagten keinen Widerspruch; denn sie hatten, wie sie nun einmal da lagen unter so vielen ernsthaften Männern von Brendahls Art und Meinungen in bezug auf sich selber zuweilen verzagte Gedanken.

So kam es, daß der Fremde völlig einsam und für sich blieb, auch als es ihm wieder besser ging und er aufrecht in seinem Bette sitzen konnte. Von den anderen, nach denen er, aus seinem Fieber erwachend, anfangs ein paar scheue und prüfende Blicke aus seinen schwarzen Augen geworfen hatte, kümmerte sich nach Brendahles Losung keiner um ihn, und die Schwestern, die er bald erbarmte, wagten es einstweilen nicht, ihm über das vorgeschriebene und erlaubte Maß hinaus Gutes anzutun. Nur der Arzt selber behandelte ihn zu Brendahls stillem Ingrimm mit einer Art von wohlwollender Höflichkeit und redete auch in seiner Sprache mit ihm, denn er war des Deutschen wenig mächtig. Indessen blieb der Fremde auch dann wortkarg und gab nur bescheiden und niedergeschlagen die verlangten Auskünfte. Vielleicht schämte er sich auch, daß er nun der Gastfreundschaft und der Hilfe eines Volkes bedurfte, gegen das er so unberufen Waffen genommen hatte.

Für gewöhnlich saß er, am Gespräch und Spiel der anderen mit keinem Wort und Blick beteiligt, aufrecht gegen ein Kissen an der Rückwand seines Bettes gelehnt, und hielt, von Schmerzen gequält, mit seiner gesunden Rechten die in der Wurzel zerschmetterte linke Hand in die Höhe. Wahrscheinlich würde er sie nie wieder gebrauchen können, hatte der Arzt gesagt, und der Fremde hatte dazu höflich und bestätigend den Kopf geschüttelt, obwohl ihm dabei alles Blut aus dem Gesicht gewichen war. Weil der Arzt sie ihm aber nicht abnehmen wollte oder doch wenigstens die gelähmte erhalten, so hatte er ein besonderes Gehäuse anfertigen lassen, in welchem die Finger einzeln und unbeweglich festgelegt waren. Es war halb wie ein riesiger Fechthandschuh aus Draht anzusehen und halb wie eine Rattenfalle mit einem hölzernen Boden und mit Bügeln von Zink über den Drähten.

Eines Tages aber war ein Paket für den Fremden angekommen, welches neben allerlei Eßwaren auch ein Buch unbeschriebenen Notenpapiers enthielt. Von da an saß er lange Stunden am Tage, das Buch auf den Knien, und schrieb Noten hinein. Er schien sie in einiger Entfernung vor sich in der Luft wahrzunehmen, denn er starrte, wenn er nicht gerade schrieb, angestrengt dorthin. Zuweilen auch war es, als spieße er sie mit dem Bleistift auf oder locke sie mit kleinen Pfiffen in sein Buch. Während dieser Zeit ruhte die zerschmetterte Hand samt dem Gehäuse meistens in der Schlinge eines kleinen Galgens, der über dem Kopfende seines Bettes angebracht war. Sein Gesicht mit dem tief in die Stirn gewachsenen Schopf rabenschwarzen Haares und den dichten Augenbrauen hatte dann einen Ausdruck, als wäre er glücklich.

Manchmal kehrten aber die Schmerzen zurück oder andere Empfindungen, die niemand hier kannte. Dann ließ er das Buch von den Knien gleiten und zog sich die Decke über das Haupt. Nur die Hand war noch zu sehen, im Gehäuse hängend in der leinernen Schlinge.

Brendahl und den anderen ging das vielleicht schon bald ziemlich nahe, aber sie mochten es einander nicht eingestehen.

Sie blickten von ihren Spielen auf oder von Bett zu Bett hinüber einander flüchtig an und blickten wieder fort und schwiegen.

Das änderte sich erst, als Weihnachten herangekommen war. Ein großer Tannenbaum war in einer Ecke des Saales aufgestellt, mit bunten Kerzen geschmückt und mit dem Stern von Bethlehem auf seiner Spitze. Äpfel hingen in seinen Zweigen und Nüsse, Glas sowie Harfen, Kränze und Sterne aus Schokolade, mit Zucker übergossen; es hingen aber auch Trompeten, Gewehre, Säbel und sogar kleine Granaten darin aus dem gleichen süßen Stoff. Ein Singechor der Schwestern kam von Saal zu Saal geschritten und stimmte, vor dem Baume aufgestellt, die alten Christlieder an. Hierauf wünschten sie fröhliche Weihnachten und schritten davon, wie sie gekommen waren, paarweise und etwas betreten, denn die Soldaten in frischen Hemden, die Haare sorgfältig festgelegt, saßen oder lagen mit feierlichen Gesichtern stumm auf ihren Betten und wußten nichts Rechtes zu erwidern, was sie ihrerseits verlegen stimmte. Der Fremde sah zu alledem achtungsvoll, aber sehr unbeteiligt darein.

Als aber die Lichter am Baume schon fast herabgebrannt waren, öffnete sich die Türe noch einmal, und herein in den schon allmählich erdunkelnden Saal traten zwei Knaben. Sie trugen gegürtete Jacken und kurze Hosen aus braunem Sammet und sehr ungefüge, eisenbeschlagene Schuhe an den Füßen. Vorsichtig tappten sie, auf den Spitzen ihrer Schuhe einhertretend, in die Mitte des Saales, wobei sie vor lauter Behutsamkeit ins Wanken gerieten und einander mit den Instrumenten anstießen, so daß sie leicht erdröhnten. Der eine trug eine Geige in der Hand, der andere eine Laute mit bunten Bändern daran. Inmitten des Saales angekommen, machten sie, eng nebeneinandergestellt, eine kleine Verbeugung, und der Größere sagte dazu mit heller und noch mädchenhafter Stimme einen Satz auf, den er auswendig gelernt und wohl auch schon öfters hergesagt haben mochte. Er gab darin bekannt, daß sie im Namen ihrer Bundesbrüder von der Waldbruderschaft zu Köln am Rhein den verehrten Kriegern eine kleine Weihnachtsunterhaltung darbringen möchten. „Erstens ‚Vom Himmel hoch, o Englein, kommt'", schloß er unvermittelt, hob die Geige unter das Kinn und begann sie zu streichen, und der Kleine, die Laute schlagend, sang mit heller Stimme den Text.

Sie sangen hierauf noch einige andere geistliche Lieder mehr, „Maria durch ein' Dornwald ging" und „Nun singet und seid froh" und zum Schlusse auch eines von ganz und gar heiterer Art. Es war ein Zwiegesang, zu dem sie wechselnd sangen und spielten, ein Zwiegesang zwischen zwei Hirten auf dem Felde, einem wachen, den das Feuer der Sterne in Unruhe versetzt, und einem faulen, der lieber auf dem Ohre liegenbleiben möchte, obwohl die Engel schon lange singen in der Höhe und es so hell dort oben ist wie bei Tage.

Die Soldaten riefen bravo, als sie geendet hatten, und klatschten in die Hände oder klopften mit ihren Krücken und

Stöcken auf den Fußboden. Hernach gingen die beiden von Bett zu Bett, der eine links, der andere rechts um den Saal herum, und gaben einem jeden die Hand, und wünschten frohe Weihnachten, wobei sie leise die Hacken zusammenschlugen. Auf diese Weise kam der Knabe mit der Geige auch an das Bett des Fremden.

„Gesegnetes Fest und gute Besserung", sagte er mit seiner klaren Stimme, wie er es bei den anderen auch gesagt hatte. Der Fremde, der, während sie noch sangen und spielten, unbewegt stille gesessen und mit niedergeschlagenen Augen zugehört hatte, hielt die Knabenhand stumm in der seinen und beugte sich nahe an sein Gesicht, wobei er mehrmals mit dem Kopf nickte. Er wollte wohl auch etwas sagen, brachte aber nur ein Räuspern hervor. Mit einer höflich bittenden Gebärde nahm er dann die Geige mit seiner gesunden Rechten an sich. Er wendete sie hin und her, spähte in die Öffnung, visierte über den Steg und setzte sie endlich unter das Kinn; ihren Kopf stemmte er gegen das Gehäuse mit der zerschmetterten Hand darin. Dann nahm er den Bogen in die Rechte, setzte ihn kunstgerecht an und begann ihn mit schönen schwenkenden Bewegungen über den Saiten hin und her zu führen. Sein Gesicht mit den wiederum hochgestellten Augenbrauen und dem wie mürrisch aufgeworfenen Munde zeigte den Ausdruck völliger Versunkenheit. So trieb er es eine lange Weile fort, unbekümmert um alles um ihn her, als spiele er ein ganzes Konzert. Niemand freilich außer ihm selber vermochte es zu hören, denn er hütete sich wohl, die Saiten wirklich ertönen zu lassen. Nur ein gläsernes Zirpen und Klirren war zuweilen zu vernehmen. Endlich hielt er inne. Er blickte auf, als erwache er, gab dem Knaben Bogen und Geige zurück, klopfte ihm mit der Hand auf die Wange und schob ihn sanft von sich. Gleich danach war er mit dem Haupt unter seiner Decke verschwunden, und nun war zu sehen, daß der mächtige Krampf einer inneren Bewegung unwiderstehlich über ihn gekommen war und daß er in seiner Verborgenheit unaufhaltsam weinte. Die Decke über seinen Schultern hob sich und senkte sich, von seinem Schluchzen gestoßen, der Galgen über dem Bett begann zu erbeben,

und auch das eiserne Bett auf seinen Rollen erbebte mit. Die Knaben, ihre Instrumente unter dem Arm, waren auf ihren Nagelschuhen hinausgetappt, und von den Lichtern auf dem Baum flackerten nur noch wenige mit rötlich trübem Schein. Als erster kam nun in seinem langschößigen Krankenrock der Landwehrmann Brendahl an das Bett gehumpelt. Auf seine Krücken gestützt, das kranke Bein in dem dicken weißen Verband sorgsam hochziehend, blieb er am Fußende stehen und sah besorgt und schweigend hinein. Es gesellten sich ihm alsbald die beiden Freiwilligen und noch zwei oder drei aus dem Saal, die heranzugehen oder heranzukriechen vermochten. In ihren Leinenkitteln standen sie da, Filzpantoffeln an den Füßen, auf Krücken gelehnt oder die geschienten Arme behutsam vor sich her haltend. Sie sprachen nicht miteinander und sahen einander auch nicht an. Sie standen zu Füßen des Bettes und zu Häupten, und einer hatte seine Hand still um das Eisen des Bettgestells geschlossen, und ein anderer hatte sie oben auf das Kissen gelegt, dessen Leinen er wie prüfend zwischen seinen Fingern rieb.
Als nach einer Weile die Schwestern kamen und Licht machten und den Wagen mit dem Abendessen hereinschoben, traten sie still auseinander und hüpften und tappten zu ihren Lagerstätten zurück. Es ereignete sich auch weiter nichts, doch war der Fremde von diesem Abend an in ihre Leidensgemeinschaft aufgenommen, deren Brauch und Sitte nun auch die seinen werden sollten. Hinfort hatten sie Umgang mit ihm wie mit ihresgleichen bis auf den einen Umstand, daß sie sich niemals entschließen konnten, ihn mit dem Namen der Liebe und Ehre anzureden, mit dem sie einander benannten, mit dem Namen: Kamerad.
So blieb es, bis der Fremde eines Tages mit seiner Hand, die nun nicht mehr in dem Gehäuse steckte, sondern leer und lahm an seinem Arm hing, als gehöre sie ihm nicht mehr zu, von einem Wachsoldaten abgeholt wurde und ihren Blicken für immer entschwand.   Paul Alverdes

Kolbenheyers „umstürzlerische" Vorfahren

Wer offenen Gemütes durch die Straßen der geschichtsbeladenen Stadt Ödenburg im Burgenland wandert, dem fällt eine Gedenktafel auf, die an den deutschen Dichter Moritz Kolbenheyer erinnert. Dieser Dichter war der Großvater Erwin Guido Kolbenheyers, dessen Todestag sich am 12. April dieses Jahres zum zwanzigsten Male jährt.
Mein Egerländer Turnbruder Alfred Merkel, in Ödenburg geboren und derzeit in Ludwigshafen wohnhaft, besuchte 1979 seinen Geburtsort, stieß auf die Gedenktafel, las daraufhin meine Kolbenheyer-Wort- und Bild-Biographie „Jahre des Glücks – Jahre des Leids" (Velbert 1969 erschienen) und ließ sich von einem Ödenburger Bekannten einen Artikel aus der „Neuen Zeitung", Budapest, über Moritz Kolbenheyer ablichten, der zu aufschlußreichen Vergleichen mit den Aufzeichnungen E. G. Kolbenheyers über seinen Großvater anregt.
E. G. Kolbenheyer beklagt sich in seinem dreibändigen Lebenserinnerungswerk „Sebastian Karst über sein Leben und seine Zeit" (Gartenberg 1957), daß ihm durch Seitenverwandte der reiche schriftliche Nachlaß Moritz Kolbenheyers vorenthalten wurde, so daß ihm mancher Weg zu den Quellpunkten seines väterlichen Großvaters verschlossen blieb.
Moritz Kolbenheyer wurde am 17. 7. 1810 als ältester Sohn des bürgerlichen Tuchfabrikanten und Gutsbesitzers Karl Kolbenheyer geboren, studierte in Wien und in Berlin Theologie und wurde schon in jungen Jahren nach Preschau berufen, der gleich Krakau im Mittelalter von Deutschen gegründeten Stadt, die wie so viele andere Städte des mitteleuropäischen Ostens im Laufe der Jahrhunderte madyarisiert bzw. slawisiert wurde. Sie ist heute unter dem ungarischen Namen Eperjes oder unter dem slawischen Namen Prešov besser bekannt.
Von Preschau im Osten der Slowakei wurde er nach Ödenburg im westlichen Ungarn versetzt. Er heiratete eine wohlhabende Wienerin und machte sich als evangelischer Geistlicher einen guten Namen. Sein Kanzelwort muß ergreifend

gewirkt haben. Als Achtzehnjährige hörte ihn seine spätere Gattin einmal in Wien und war von seiner Predigt so gefesselt, daß sie zuhause sagte: „Den heirat' ich oder keinen." — Als Gattin schenkte sie ihm dann acht Kinder; das älteste wurde Kolbenheyers Vater.

Noch mehr aber als das persönliche Ergehen Moritz Kolbenheyers bewegt uns die Frage, wie sich der von Deutschland begeisterte evangelische Student und spätere Pfarrer in den schweren österreich-ungarischen Auseinandersetzungen seiner Zeit verhalten hat. Die Bauern wollten frei sein. Frondienst, Zehnter und Leibeigenschaft schrien nach Abschaffung, das Bürgertum kämpfte um Pressefreiheit. Es gab gar keinen Zweifel, auf welcher Seite der Christ, der Prediger, der burschenschaftlich begeisterte ehemalige deutsche Student stehen mußte. Noch näher traten ihm die stolzen ungarischen Freiheitskämpfer, die bedingungslose Trennung von Österreich, vom Habsburgischen Regime, forderten. Der geistesschwache Epileptiker Ferdinand I., der seinem Vater Franz I. auf den Habsburgischen Thron gefolgt und nur ein willenloses Werkzeug in der Hand seiner Berater bzw. Regierer war, legte den freiheitstrunkenen ungarischen Führern Kossuth und Petöfi alle Schlagworte in den Mund, die sie für ihren Kampf brauchten. warum sollte das ungarische Volk nicht seinen eigenen, unabhängigen Staat haben und bauen können? Wie aber konnten die dabei wachsenden übertriebenen Entnationalisierungsabsichten gewisser Hetzer in Zaum gehalten werden?

In erster Linie mußte das Selbstbestimmungsrecht der Ungarn gesichert sein. Erst in staatlicher Freiheit konnten dann die anderen Fragen behandelt werden. Bestärkt fühlte sich Moritz Kolbenheyer durch seine verwandtschaftliche Bindung zu dem ungarischen Honvedgeneral Arthur von Görgey, seinem Vetter, der die Armeen Kossuths anfänglich von Sieg zu Sieg gegen Habsburg führte. Als die Habsburger aber Rußland zu Hilfe riefen, die russische Übermacht siegte, Kossuth fliehen muße und Görgey in zaristische Gefangenschaft geriet, ging auch der Traum Moritz Kolbenheyers zu Ende. Görgey wurde von Wien zum Tode verurteilt, der Zar begnadigte ihn, er mußte im Ausland leben und konnte erst 1867 nach Ungarn zurückkehren. In einem zweibändigen Werk beschrieb er sein Leben. Er starb achtundneunzigjährig und erlebte noch den Ausbruch des Ersten Weltkrieges.

Auch Moritz Kolbenheyer wurde verhaftet, weil er einen ungarischen Adeligen verborgen gehalten hatte. Nach seiner Freilassung wandte er sich verstärkt der Dichtkunst zu. Er lernte Raimund und Laube kennen und trat mit Hebbel und Anastasius Grün in Briefwechsel. In seinen Gedichten, die nach E. G. Kolbenheyers Beurteilung „in ihrem Formvermögen neben den Versen der besten Dichter seiner Zeit bestehen" konnten, setzt er sich mit religiösen und philosophischen Aufgaben auseinander. In vielen Gedankengängen des Großvaters spürt Erwin Guido bereits die Schwellennähe des Denkumschwungs, auf der wir Heutigen stehen, „eine metaphysische Impulsrichtung, die uns weiterführt."

Die Sehnsucht nach Deutschland aber blieb in ihm lebendig. Sie ließ ihn auch in deutsch-madyarische Auseinandersetzungen eingreifen. Selbst persönliche Nachteile und Zurücksetzungen konnten ihn von seinen Bekenntnissen zum deutschen Volkstum nicht abhalten. Der frühe Tod seines ältesten Sohnes, Vater Erwin Guidos, führte ihn in die verwandtschaftliche Nähe von Kolbenheyers Mutter, die nach dem kurzen Eheglück in ihre Heimatstadt Karlsbad zurückgekehrt war. Er genoß als Karlsbader Kurgast die heißen Quellen der westböhmischen Badestadt und Erwin Guido sah mit kindlicher Liebe zu seinem Großvater auf. Als er sich wieder einmal von ihm übergangen fühlte, salzte er seine Suppe so kräftig, daß sich der Großvater besorgt äußerte: „Kind Du wirst Dir Deine Suppe versalzen!" Erwin schlang sie tapfer hinunter und wußte sich gebührend beachtet. An die sprichwörtliche Wahrheit der großväterlichen Mahnung sollte er mehr als einmal in seinem späteren Leben zu denken haben.

Moritz Kolbenheyer, der am 4. Januar 1884 starb, war auch als Übersetzer ungarischer Dichtungen tätig. So übertrug er 1855 des ungarischen Epikers Janos Arany berühmte Verserzählung „Toldi" für den Verleger Hekenast ins Deutsche. Auch mütterlicherseits waren dem Blute Erwin Guido Kolbenheyers heftige Wellen der Unruhe vererbt worden: einer der Vorfahren der Mutter Amalie Hein war der Anführer der aufständischen Bauern aus dem Dorfe Fischern bei Karlsbad, Martin Hein. Er wurde nach Niederwerfung der Aufstände hart bestraft.

Während der sogenannte freie Westen versucht, die Kolbenheyersche Denkweise vergessen zu machen, weil er sie für nazistisch hält — in Wirklichkeit ist das Bauhüttendenken E. G. Kolbenheyers schon vor Adolf Hitler zwischen den Jahren 1908 und 1923 gewachsen und fand seinen Niederschlag in Romanen und Abhandlungen — greifen ungarische Vertreter des Geisteslebens von heute die dichterische Arbeit Moritz Kolbenheyers auf, um mit ihr die Richtigkeit sowjetischen Denkens nachzuweisen. Nun, das tun sie auch mit Jahn und Arndt, mit Stein und Scharnhorst. Ein dortiger Pressemann namens Stefan Fried schreibt z. B. in der „Neuen Zeitung", Budapest, vom 10. April 1964: „Moritz Kolbenheyer gehört zu den bedeutendsten Dichtern der deutsch-sprachigen Literatur Ungarns im vorigen Jahrhundert." Für Fried ist Kolbenheyer ein „Dichter der ungarischen Revolution", wie er gleich im Titel seines Beitrags bekannt gibt.

Kossuth und Petöfi sind für ihn nicht ungarische Freiheitskämpfer, sondern Fortsetzer der marxistischen Revolutionen von 1789 und 1830. Für ihn ist es auch kein Zufall, daß Moritz Kolbenheyer Sandor Petöfi in Ödenburg kennenlernt, sondern sie suchen sich als Revolutionäre und Umstürzler. Kein Wort davon, daß der 1823 geborene Petöfi der ungarische Theodor Körner ist, der im März 1848 an die Spitze der ungarischen Jugend tritt, sie mit seinen volkhaften Liedern begeistert und ein Jahr später, 26jährig unter Görgeys Fahnen fällt.

Laut Fried übersetzt der „Umstürzler" Kolbenheyer das „Nationallied der Ungarn" oder den „Schlachtengesang der Madjaren" des Umstürzlers Petöfi. Und in den eigenen Gedichten Kolbenheyers „Gebt uns eine Verfassung" und

„1648—1848" klingt nicht die Sehnsucht nach einer geheiligten Ordnung auf, sondern der Schrei nach Aufruhr und zielloser Umwälzung. Fried spricht nicht von der Honved genannten ungarischen Armee und ihrer Niederlage durch die herbeigerufenen Russen; für ihn ist der ungarische Freiheitskampf gegen Wien, an dem sich ja auch deutsche, polnische, serbische, englische Offiziere und Wiener Studenten beteiligt hatten, nur eine gesellschaftliche Erscheinung. Nicht ein freies ungarisches Volk in einem freien ungarischen Staat, nicht die Loslösung von Habsburg ist das Ziel, selbst Kossuths Flucht, Petöfis Heldentod und Haynaus grausame Unterdrückung nach dem Sieg des Zaren finden keine Erwähnung.

Die neu errichtete österreichische Militärdiktatur nach 1849 wird wie folgt umschrieben: „Die Behörden von Wien erließen einen Haftbefehl gegen Moritz Kolbenheyer, den Pfarrer, beschuldigten ihn der Agitation für den Kommunismus, hielten ihn in Wien und in Preßburg gefangen, setzten ihn dann zwar auf freien Fuß, beobachteten ihn aber bis zum Jahre 1852. Moritz Kolbenheyer wurde zwar etwas vorsichtiger, verleugnete aber niemals seine Vergangenheit. Nach Reisen durch Europa bemühte er sich um die Demokratisierung des gesamten Unterrichtswesens."

Den zu Bedeutung gelangten Enkelsohn Erwin Guido erwähnt auch Stefan Fried nicht, obwohl er aus seinem Werk so leicht Schlüsse auf die Verderbtheit der Welt der Geldmächte von heute ziehen könnte. Haben West und Ost die gleiche Ursache, einen Kämpfer gegen die Plutokratie zu verschweigen? 1946, 1947 und 1948 saßen eben die Sieger im zweiten Weltkriege selbstbewußt nebeneinander und verkündeten als Spruchkämmerlinge noch die „Bestrafung" eines geistig-leiblichen Heldentums mitteleuropäischer Frontkämpfer. Was den „Siegern" nach dem Ersten Weltkrieg noch nicht gelungen war, nämlich Hindenburg, Ludendorff und die U-Boot-Kapitäne zu beseitigen, das holten sie nun nach. In Nürnberg wurden Jodl und Keitel, Heß und Dönitz für eine Haltung „bestraft", die Jahrtausende lang Völker, Reiche und Staaten aufrechtgehalten hatte.

Kolbenheyer, der Enkel, hat in seiner Bauhütten-Philosophie ein Gedankengebäude des Weiterlebens über alle Geschlechter hinweg aufgerichtet. Es wird uns das Erreichen und Überschreiten einer Schwelle ermöglichen, hinter der uns die Gewinnung einer neuen sittlichen Lebenshaltung winkt, ein Ethos aus Naturerkenntnis. Alle Fragen der Gegenwart beantwortet er uns in seinen Werken. Gibt es eine Seele? Wo lag die wirkliche Leistung des Christentums? Ist das Judentum eine biologisch bedingte Religionsgemeinschaft? Und hundert andere Fragen begegnen uns auf der Schwelle, die zu überschreiten wir bereits begonnen haben. Der nach Meinung vieler Religions-Theoretiker „ungläubige Materialist" war einer der gläubigsten Menschen vor dieser Schwelle. Werden und Vergehen waren ihm nur ein Hauch im Allvollenden. In diesem Hauch des Alls atmen wir mit als freilich kaum vernehmbares Teilchen . . . aber wir atmen.

Dem Gründer des Dichtersteins in Offenhausen, dem Turner-Dietwart Joseph Hieß, schrieb der Enkelsohn Moritz Kolbenheyers einst die tröstlichen Worte:

> Volk wird erst Volk,
> wenn ihr den Mut entbunden.
>
> Volk bleibt erst Volk,
> wenn ihr es weiterlebt.

Im Weitergehen und Weiterleben liegt der Sinn des Lebens. Insofern ist es doch ein Trost, daß in Ödenburg eine Gedenktafel an Moritz Kolbenheyer erinnert, die von aufmerksamen Wanderern auch heute noch gelesen wird.

Ernst Frank

Feuerwerk

Bunteste aller Raketen,
Frühling, wie du versprühst,
In trunkenen Wipfeln und Beeten
Knatterst und niederglühst.

Mit sommerlichen Wettern
Weitbogigen Überschwangs,
Mit golden taumelnden Blättern
Herbstlichen Untergangs!

Und jedesmal eine Weile,
Bis daß die nächste zischt,
Hochsteigend in jauchzender Steile,
Und knattert und sprüht und erlischt.

In der Lampionferne
Verdämmern Lieder und Braus.
Unendlich schweigen die Sterne
Über dem dunklen Nachhaus.

                        Wilhelm Pleyer

Der Genius

Gewitter drückt auf Sanssouci,
Ich stand im Park und schaute
Zum Schloß hinan, das ein Genie
Für seine Seele baute.

Und Nacht: Aus schwarzer Pracht ein Blitz,
Vom Himmel jäh gesendet,
Und oben steht der Alte Fritz,
Wo die Terrasse endet.

Ein Augenblick! Grell, beinernblaß,
Den Krückstock schräg zur Erde,
Verachtung steint und Menschenhaß
Ihm Antlitz und Gebärde.

Einsamer König, mir ein Gott,
Ich sah an deinem Munde
Den herben Zug von Stolz und Spott
Aus deiner Sterbestunde.

Denselben Zug, der streng und hart
Verrät die Adelsgeister,
Der aus der Totenmaske starrt
Bei jedem großen Meister.

Detlev von Liliencron

Muttersprache

Muttersprache, Mutterlaut!
Wie so wonnesam, so traut!
Erstes Wort, das mir erschallet,
Süßes, erstes Liebeswort,
Erster Ton, den ich gelallet,
Klingest ewig in mir fort.

Ach, wie trüb' ist meinem Sinn,
Wenn ich in der Fremde bin,
Wenn ich fremde Zungen üben,
Fremde Worte brauchen muß,
Die ich nimmermehr kann lieben,
Die nicht klingen als ein Gruß!

Sprache, schön und wunderbar,
Ach, wie klingest du so klar!
Will noch tiefer mich vertiefen
In den Reichtum, in die Pracht;
Ist mir's doch, als ob mich riefen
Väter aus des Grabes Nacht.

Klinge, klinge fort und fort,
Heldensprache, Liebeswort,
Steig empor aus tiefen Grüften,
Längst verscholl'nes altes Lied,
Leb' aufs neu in heilgen Schriften,
Daß dir jedes Herz erglüht!

Überall weht Gottes Hauch,
Heilig ist wohl mancher Brauch.
Aber soll ich beten, danken,
Geb ich meine Liebe kund,
Meine seligsten Gedanken,
Sprech ich wie der Mutter Mund.

        Max von Schenkendorf

Frühling wird es werden

Föhndurchbrauste Winternacht
Weicht dem neuen Tage.
Sonne froh ins Hüttlein lacht,
Sprühend ob der weißen Pracht,
weckt mit holder Frage.

Sonnenglast am Hüttenhang,
Brünnlein sprudelt munter,
Vögleins zarter Liebessang
Voller Freude heller Klang
Tönt vom Tannwald runter.

Frühling wird's ums Hüttelein
Im Lenzhauch auf den Bergen
Ein Jubelruf im Morgenschein
Schließt's Menschenherz mit ein,
Frühling will es werden.

                          Karl Leipert

1.	Donnerstag
2.	Freitag
3.	Samstag
4.	Sonntag
5.	Montag
6.	Dienstag
7.	Mittwoch
8.	Donnerstag
9.	Freitag
10.	Samstag
11.	Sonntag
12.	Montag
13.	Dienstag
14.	Mittwoch
15.	Donnerstag
16.	Freitag
17.	Samstag
18.	Sonntag
19.	Montag
20.	Dienstag
21.	Mittwoch
22.	Donnerstag
23.	Freitag
24.	Samstag
25.	Sonntag
26.	Montag
27.	Dienstag
28.	Mittwoch
29.	Donnerstag
30.	Freitag
31.	Samstag

MÄRZSONNE

Es tropft;
Rinnsal und Bach strömen
dem neuen Leben entgegen.
Märzsonne strahlt.
Ein Vogel stößt seine Schwingen ins Licht,
und jubelnder Laut bricht
aus seiner gefiederten Kehle.

Gestern noch war
Regen und Nebel und Nordwind da,
doch heute, schau,
was der alte Haselstrauch tut:
er stäubt eine goldene Fahne
über die Au.
Er hat Mut.

Marianne Wintersteiner

AUFERSTEHUNG

Mit dem brüchigen Herbstlaub
Spielt ein launiger Frühlingswind
Im wirbelnden Wegstaub,
Wild tanzend und wallend,
Aufflatternd und niederfallend.

Und die Sonne lacht heiter dazu.
Der Krokus läutet, Schneeglöckchen singen:
Es wird Ostern nun, liebe Leut,
Genug ist's der Grabesruh,
Erhebt euch in Lebensfreud,
Laßt den Wintertod uns bezwingen!

Otthinrich Müller-Ramelsloh

Das Lachen

War ein Tag so trüb und grau,
hart wie alle andern,
die im bunten Jahreskreis
still vorüberwandern.

Sprang aus grünem Gartensaum
hell ein Mädchenlachen;
's war, als tät' aus tiefstem Traum
plötzlich ich erwachen.

Sah das holde Wesen nicht,
konnt' mich nicht verlieben. –
Und doch ist der helle Klang
viele viele Tage lang
tief in mir verblieben.

Richard Wolff

Frühlingsduft

Es liegt ein Singen in der Luft
Und Ahnung schon von Frühlingsduft
In dieser Winterstunde.
Das ist, als wenn die Sehnsucht ruft
Mit frohem, süßem Munde.

Da hat das Blut ein eigen Lied,
In dem die scheue Liebe blüht
Auf seinem tiefsten Grunde.
Das macht, daß uns das Herz aufglüht.
Andächtig schweigt die Stunde.

Hans Bahrs

Von der Härte, vom Kampf und von der Treue

Die soldatische und kämpferische Haltung, die dazu berufen war, einem neuen Menschenalter ihren Stempel aufzudrükken, entstand nicht von ungefähr und nicht aus irgendeinem Zufall oder weil irgend jemand sich irgend etwas ausgedacht hatte, sondern sie wuchs aus der unerhörten inneren und äußeren Not eines ganzen Volkes, sie wuchs aus dem leidenschaftlichen Wollen einer jungen Generation, die zur Verteidigung ihres Vaterlandes in die furchtbarsten Schlachtfelder der Weltgeschichte hineingeworfen wurde und die erst Stück für Stück und Jahr auf Jahr zu begreifen begann, daß dies alles sinnlos und ein Verbrechen sein müsse, wenn nicht ein neuer Geist und eine neue Haltung, eine neue Auffassung des Lebens und die gänzliche Verachtung des Todes sich aus

aus dem blutigen Opfertod der Millionen ergeben würden. Soldaten- und Kämpfergeist kann nur aus dem Opfer entstehen, niemals aus der Überlegung und aus der Betrachtung. Wenn ihr aber fragt, worin dieser Geist, den wir zum Quell unseres neuen deutschen Lebens und unserer neuen Haltung den Dingen des Lebens gegenüber gemacht haben, sich äußere und woran man ihn erkenne, so nenne ich euch drei Tugenden, denen ihr nachstreben sollt: Die Härte, die euch eure Pflicht erfüllen heißt unter allen Umständen und in allen Lagen des Lebens, die Bescheidenheit, die niemals nach dem Verdienst fragt, sondern immer nach den Erfordernissen der großen Gemeinschaft des Vaterlandes, und die Sauberkeit des Herzens, die euch heiliger sein soll als irgendein anderes auf dieser Erde. Glaubt mir als einem von denen, die das Schicksal mit jungen Jahren hineingeworfen hat in das grausame Schicksal des Weltkrieges und die seitdem mit heißem und lebendigem Herzen sich ihrem Vaterlande verschrieben haben, in einem Zeitalter, als alles in Verwirrung, Entartung und Zuchtlosigkeit verfiel, daß diese drei Begriffe des Soldaten und des Kämpfers am Anfang aller Dinge stehen müssen und daß sie niemals an Bedeutung verlieren, daß aber umgekehrt dort, wo man sie vergißt und verleugnet, das Vaterland in die größte Gefahr gerät. Ihr seid jung, wie wir damals waren, als es anfing, und wir beobachteten mit Aufmerksamkeit und Liebe, ob ihr geeignet sein werdet, fortzusetzen, was uns zu beginnen das Schicksal befahl. Unsere Herzen und unsere Augen sind unbestechlich, und wir halten es durchaus nicht für unsere Aufgabe, euch als Vermächtnis ein angenehmes Leben fern von Not und Sorge zu hinterlassen. Hinterlassen wollen wir euch vielmehr den Glauben, den wir uns erworben, und die Haltung, der wir uns verpflichtet, und es ist uns hundertmal lieber, ihr könnt diesen Glauben und diese Haltung bewahren, als daß ihr in den Besitz und den Genuß von irgendwelchen äußeren Dingen gelangt. Denn bürgerlich und einer vergangenen Zeit Kennzeichen war es, seinen Söhnen und Erben eine gesicherte Lebensstellung, ein rundes Vermögen, Häuser und Sparkassenkonten zu vermachen, wir aber denken größer und männlicher von euch, indem wir euch durch uns selbst das Erbe einer unbeugsamen und kämpferischen Seele, der Kampfes- und Tatenfreude übergeben, und wir zweifeln keinen Augenblick lang, daß wir auf solche Weise euch tausendmal Größeres geben.

Die Kraft der Seele, meine jungen Freunde, kommt aus dem Leiden, dem Erleiden und aus der Erkenntnis der Not. In der Not formt sich der Wille in den Herzen der wenigen, und es darf heute, nachdem die innere Not überwunden, offen gesagt werden, wieviel wir den bitteren Ereignissen zu danken haben, die seit einem Menschenalter auf uns liegen. Wir alle sind Glieder einer Kette, einem gewaltigen Schicksal unterworfen, und dieses Schicksal wertet uns allein danach, wieweit wir es verstanden haben, uns mit ihm auseinanderzusetzen und ihm den Stempel unseres Willens aufzudrükken. Not lehrt beten heißt es, aber Not lehrt auch besinnen und gestalten.

Das Deutschland von morgen ist ein Land, das sich mit Stolz auf die Not beruft, die ihm Besinnung, Tatkraft und Männer schenkte, und seine Größe wird danach gemessen werden, wie eng es sich in jeder Stunde mit seinen besten Söhnen verbunden weiß, die sich der Not unterwarfen und aus ihr den Glauben an die Zukunft, den Willen zum Kampf um diese Zukunft und das heilige Feuer der Tat gewannen. Dies neue Deutschland wird groß und wahrhaftig sein, wenn seine Seele von der Wahrheit erfüllt ist, daß ein jeder, der irgendwo und irgendwann für Deutschland kämpfte, litt und starb, zu ihm gehört als sein teuerster Besitz, denn wer sich lossagen würde von den Opfern, der würde sich lossagen von der Seele.

Zum zweiten aber sage ich euch diesen Satz: Es gibt keinen Sieg, der nicht zuletzt Anfang des neuen Kampfes wäre, und wäre die Feier des Sieges ein Abschluß und ein Ausruhen, so wäre der Kampf vergeblich gewesen. Ihr sollt darum, so sehr eure Augen erfüllt werden von dem Geschauten und Geschaffenen, mehr noch euch ergreifen lassen von dem Zukünftigen, dem wir zustreben, ihr sollt von uns Älteren, die wir für euch gekämpft und gewirkt haben, nicht das

Erreichte hinnehmen als unser Erbe, sondern ihr sollt als ungleich größeres Vermächtnis von uns empfangen den Willen, für diejenigen zu wirken, die dermaleinst nach euch kommen werden. Denn dies ist der deutschen Seele Geheimnis, daß sie ihre Kraft niemals allein dem Gegenwärtigen schenkt, sondern viel mehr dem Zukünftigen.

Wenn ihr dies genau bedenkt und in euch aufnehmt mit der rückhaltlosen Bereitschaft zu einem Leben des Einsatzes, des Kampfes, des unablässigen Mühens nicht um ein irdisches Glück, das ihr als Lohn eures Strebens zu verdienen glaubt, sondern als treue Diener an der deutschen Seele und ihrer Gestaltung, so werdet ihr finden, daß keine Not, kein Schicksalsschlag und kein Zweifeln euch jemals beirren können. Dann wird die Not auch euch, wie es bei uns in einem Menschenalter der härtesten Kämpfe geschah, eine Quelle der Besinnung und ein Sporn zur Tat werden. Sie wird euch furchtlos und treu machen, und ihr werdet den Zweifel nicht zu scheuen brauchen, der keinem Menschen erspart bleibt.

Denn dies ist der dritte Satz, den ich euch sage: Die Treue ist das höchste Gut der deutschen Seele und ihre Vollendung. Es ist nicht jeder berufen, Großes zu schaffen für sein Vaterland. Aber das ewige Schicksal mißt uns nicht nach dem Umfang unserer Taten, sondern nach der Gesinnung, aus der sie entstanden, und nach dem Willen, den wir aufwandten, um unsere Pflicht zu erfüllen. Das heißt aber nichts anderes, als daß der Maßstab unseres Lebens in der Treue liegt, mit der wir an unserem Vaterland hängen, und es heißt ebenso, daß die Treue das Licht ist, das den einzelnen in die Gemeinschaft führt.

Dies, ihr lieben jungen Freunde, sind die drei Sätze, die ich euch im Angesicht dieser Berge sage, die als schweigende und majestätische Zeugen des ewigen Deutschlands vor euch stehen — es sind die Sätze von der lehrreichen Härte der Not, vom Kampf, der größer ist als der Sieg, und von der Treue, die uns vor dem Schicksal bestehen läßt. Wer so sein Vaterland liebt, dem wird es zum heiligsten Besitz und zum Urquell allen Fühlens und Handelns, mögen auch Erdteile ihn davon trennen.

Werner Beumelburg

Frühling

Als die Amsel zum erstenmal sang,
da habe ich den Schlehdorn gefragt,
warum er so wundersam glänzt,
und er hat es mir leise gesagt:

Ja, der Frühling, der hätt' ihn geküßt,
ganz heimlich in vorletzter Nacht,
er habe die Flöte gespielt
und so silbern und schelmisch gelacht.

Ja, der Frühling, der hab' ihn gestreift
und sanft seine Zweige berührt,
so hauchwarm und lockend und mild,
daß er's immer noch selig verspürt.

Dann sei er von dannen geeilt
das murmelnde Bächlein entlang,
er habe die Weiden begrüßt
und die Birken dort drüben am Hang.

Eine Hummel hab's fröhlich gesummt
am Waldrand am andern Tag,
daß nun schon der Seidelbast blüht,
wo kürzlich noch Märzenschnee lag.

Ja, das hat mir der Schlehdorn erzählt,
als die Amsel zum erstenmal sang
und als zu dem jubelnden Lied
noch das Locken der Meisen erklang.

Ursel Peter

An die Heimat

Ich will dich nicht mit Namen nennen,
Denn hundertfältig bist du mir erschienen,
Doch ewig will ich neu für dich entbrennen,
Und nimmermüde soll mein Herz dir dienen.
Du Seligkeit der Gärten und der Lieder,
Der Schmerzen, die wie Frühlingsstürme kamen,
Das weiß ich tief: einst finde ich dich wieder
In einem Namen über alle Namen.

Mitunter habe ich dich ganz verloren
Und weiß nichts mehr vom Rauschen deiner Bäume,
Dann wandle ich die Wege aller Toren
Und bin sehr arm und habe keine Träume.
Dann laufe ich im Troß der fremden Leute
Und habe mich dem lauten Tag verschworen
Und schreie mit und kenne nur ein Heute . . .
Mitunter habe ich dich ganz verloren. –

Dann muß ich auf den stillen Abend warten,
Der abseits von der Straße mir begegnet,
Der schweigend steht im dunklen Frühlingsgarten
Und seine Tränen sanft ins Herz mir regnet.
Kein Stern, kein Wind – die jungen Blätter tropfen,
Ich atme schwer und spüre scheu und leise
In meinem Blut die alte Sehnsucht klopfen –
Und weiß mich tief in deinem Zauberkreise.

Wem gab sie sich, der ihr nicht ganz verfiele?
Wer ließ von ihr, den jemals sie besessen?
Die Heimat hat der stummen Boten viele,
Und fliehst du übers Meer, sie zu vergessen:
Mit einem Duft vom Wind vorbeigetragen,
Ach, lächelnd wird sie dich zurückgewinnen . . .
Du stehst gebannt von deines Herzens Schlagen
Und wendest dich und willst nicht mehr entrinnen.

Ina Seidel

Das große Heimweh — Gespräch mit einem Toten

Da liegst Du nun, mein alter Freund, und es ist gut, daß Du Dich nicht mehr ums Diesseitige zu kümmern brauchst! Würdest sonst ärgerlich sein über die Wasserpfützen unter dem Schragen, darauf sie Dich gelegt haben. Immer noch fällt dann und wann ein Tropfen aus Deinem nassen Gewand mit einem Klatsch herunter. Hast Deiner Lebtag auf Ordnung gehalten. Im Berg bei Deiner Arbeit war das ja so notwendig, denn da konnte — wenn man etwa vergessen hätte, die Grubenlampe dicht zu schließen — ein kleines Versäumnis verhängnisvoll werden! Auch in Deinem blitzblanken Häusel zwischen Eger und Falkenau — ob es wohl noch steht und ob einer drinnen haust?
Ach, so sauber wirds keiner halten, wie's die Ann getan hat — die Ann, der die drüben den Schädel eingeschlagen haben, weil die empörte Frau sie Räuber und Mörder geheißen hat, als sie anno 45 in ihrem billigen Sieges- und Schnapsrausch mitnahmen, was nicht niet- und nagelfest war. Den Rest schlugen sie krumm und klein! Alles, was Deutsch hieß, trieben sie in die Lager! Ja, die Ann —, mit der wirst du nun wieder beisammen sein und mir, Deinem Freund und Doktor, bleibt nur über, Dir den Schein zu schreiben, ohne den sie nun einmal keinen mehr eingraben seit wieder halbwegs geordnete Zustände herrschen bei uns.
Waldhübel, Franz Josef, geboren am 17. Oktober 1878 zu Falkenau in Böhmen — Bergarbeiter im Ruhestand — das schreibt sich alles so leicht und rasch, viel leichter als es gelebt war — und nun die Todesursache — ja, lieber Alter, als Arzt muß ich da wohl schreiben: Herzschlag und Kreislaufstörung, denn eigentlich ertrunken bist Du nicht! Hast einen raschen Schocktod gehabt, als Du unversehens aus Deinem Traum vom Heimgehen heraus über die Steinmauer in den Kanal hinabgestürzt bist.
Die Träume haben es so in sich, daß man jäh herausgerissen wird in eine mörderische Wirklichkeit — deswegen lassen wir doch nichts auf die Träume kommen, gelt, Alter! Wie hättest Du mehr leben sollen die letzten Jahre bei uns in der

Fremde — nachdem sie Dir nicht einmal erlaubten, das Grab der Ann zu pflegen und Dich aus dem kleinen Haus vertrieben, das der Erfolg einer Lebensarbeit war — leben ohne den Traum von der Heimkehr? In Dein altes, müdes Gehirn prägten sich die nackten Tatsachen nur mehr schwer ein, sie waren zu grausam und zu schwer zu tragen — und wir haben Dir Deinen Traum gegönnt!
Herzschlag — daran ist nichts auszusetzen. Ein schöner, rascher, glatter Tod — einmal muß es ja sein!
Als Mensch aber — da muß ich sagen: Er starb am großen Heimweh! Das hätte nicht sein müssen — das Heimweh, das Dich immer wieder aufwachen hieß — ohne, daß Du in Deinem mißhandelten Schädel mehr genau gewußt hattest, wie und wohin! Nur das eine trieb Dich aus Herzweh und Trauer heraus, das: Heim! Wenn es auch nur Ungewißheit und ein Grab bedeutete! Heim! Das ließ Dich immer wieder loswandern, bis sie Dich ein paar Stund weit weg, erschöpft und wirre Worte von „Daheim" stammelnd, wieder auflasen und zurückbrachten in die kümmerliche Stube, die Du mit unruhigem Jungvolk teilen mußtest, das so unbekümmert und unbewußt in den Tag hineintollt.
Diesmal bist Du nun wirklich heimgekommen, wenn auch anders, als Du gedacht hast — heim in die große Ruhe, in der wir alle daheim sein werden — auch die Präsidenten und Generäle und ihre Trabanten, die Schuld haben an dem großen Heimweh von Millionen Deinesgleichen, alter Waldhübel Franz — ohne, daß ihnen das vielleicht so klar bewußt ist. Mag sein! Aber eines Tages wird das Leid und die Not der verschacherten, vergewaltigten Menschen wider sie aufstehen und sich in ihr Herz und Hirn krallen mit glühenden Fängen. Einmal werden auch sie, die Machthaber der Welt, die alles besser machen wollen und anders, als es sich malt in den Träumen der schlagenden Herzen, werden auch sie zu den ewigen Sternen aufsehen — sie werden in einer einzigen Sekunde — vielleicht der letzten — mit der aufgestauten Qual von Jahrzehnten erkennen, wie nichtig und lächerlich klein all ihr Tun und Wollen ist gegenüber den Milliarden kreisender Welten, wie riesengroß allein ihre Schuld um die gemar-

terten Herzen bleibt – sie werden aufstöhnend wissen, daß auch für sie, trotz aller eingebildeten Macht und Herrlichkeit, sechs schmale Bretter – oder sogar noch weniger – ein paar Schaufeln Kalk oder Erde – genügen, um alles einzuschließen, was auf diesem kleinen Stern bleibt, von dem, was sie waren!

Ihr Herz wird entsetzt aufschreien, wenn sie jäh erkennen müssen, daß auch sie keine Einmaligen waren – ist doch nicht einmal der Teufel mehr einmalig, so viel Gestaltung hat er gefunden unter den Menschen aller Zonen! Einmalig ist und bleibt eben doch nur der Eine – den vergebens nennen ebenso frevelhaft ist, wie ihn zu leugnen – der Alleinige, in dessen Frieden Du nun eingekehrt bist, guter Alter!

Dort wirst Du allein sein für immer – und sie werden Dich nicht mehr vertreiben können, die Gewalthaber dieser Erde, die wie ein verwehtes Sandkorn rollt in der unendlichen Weite! Wenn sie überhaupt dorthin gelangen und nicht ruhelos schweifen müssen, werden sie, des sei getrost, nicht mehr Geltung haben als Du alter Freund Waldhübel, dem das große Heimweh, das Du ertragen mußtest um der Ungerechtigkeit und sinnlosen Gewalt willen, einen sternleuchtenden Kranz um das stillächelnde Antlitz gelegt hat – strahlender als alle künstlichen Sterne und Kronen, mit deren erborgtem Glanz die Machthaber dieser Erde ihre Nichtigkeit zu verdecken suchen.

Was ihnen – ob sie es aus gedankenarmer Unfähigkeit oder bösem Willen verschuldet haben – zur rächenden Vergeltung werden wird – das große Heimweh, das über sie kommen wird – Dir ward es zur Erlösung!

Heinz Schauwecker

Reiterlied

Wohlauf, Kameraden, aufs Pferd, aufs Pferd!
Ins Feld, in die Freiheit gezogen!
Im Felde, da ist der Mann noch was wert,
da wird das Herz noch gewogen.
Da tritt kein anderer für ihn ein,
auf sich selber steht er da ganz allein.

Aus der Welt die Freiheit verschwunden ist,
man sieht nur Herren und Knechte;
die Falschheit herrschet, die Hinterlist
bei dem feigen Menschengeschlechte.
Der dem Tod ins Angesicht schauen kann,
der Soldat allein ist der freie Mann.

Des Lebens Aengsten, er wirft sie weg,
hat nicht mehr zu fürchten, zu sorgen;
er reitet dem Schicksal entgegen keck,
trifft's heute nicht, trifft es doch morgen.
Und trifft es morgen, so lasset und heut
noch schlürfen die Neige der köstlichen Zeit.

Warum weint die Dirn und zergrämet sich schier?
Lass' fahren dahin, lass' fahren!
Er hat auf Erden kein bleibend Quartier,
kann treue Lieb nicht bewahren.
Das rasche Schicksal, es treibt ihn fort,
seine Ruh läßt er an keinem Ort.

Drum frisch, Kameraden, den Rappen gezäumt,
die Brust im Gefechte gelüftet!
Die Jugend brauset, das Leben schäumt,
frisch auf, ehe der Geist noch verdüftet!
Und setzet ihr nicht das Leben ein,
nie wird euch das Leben gewonnen sein.

Friedrich von Schiller

Kleine Geschichten

Die Argumente der Männer

Es gibt selbstbewußte Frauen, die mehr erbost als überzeugt behaupten, die Welt würde sich, frei von Zwist und Kriegen, in ein Gefilde ewig paradiesischen Friedens verwandeln, wenn man die Staatsführung in ihre Hände legte und jeden Mann davon fernhielte. Solche Philosophinnen des Gemeinwohls pflegt Haar auf den Zähnen, doch selten Schönheit zu schmücken. Trotzdem lausche ich ihnen mit Vergnügen, denn sie zaubern mir stets eine gescheite, junge Studentin aus versunkenen Universitätstagen vors Auge. Es war ein bildhübsches Mädchen, das der Teufel ritt, mir immer wieder weismachen zu wollen, die Männer seien den Frauen unterlegen.

Ich liebte diesen Streit deshalb, weil das Gesicht meiner Gegnerin im Eifer von Wort zu Wort reizvoller flammte, bis es zuletzt die Leidenschaft einer Amazone spiegelte, der man zutrauen durfte, sie könnte zu Dolch, Gift und Bombe greifen, um recht zu behalten.

Unser letztes Geplänkel verlief so: „Nenne mir", drängte sie, „ein einziges Gebiet, auf dem die Frau dem Mann nicht mindestens gleichwertig ist!"

„Schwergewichtsboxen!"

Sie schnappte nach Atem. Ich erwartete, daß sie sich in der nächsten Sekunde auf mich stürze, und ich hätte es nicht ungern erduldet.

Sie fing sich jedoch und rief: „Eure ekelhaften Muskeln! Sind das Argumente! Wenn sich aber mühsam irgendwo ein geistiges Feld entdecken ließe, auf dem wir euch noch nicht in den Schatten stellen, so liegt das nur daran, weil ihr uns seit Jahrtausenden unterjocht. Das seelische Erbe von Milliarden versklavter Frauen wirkt nach – nicht mehr lange, das sollst du wissen!"

Ich unterbrach sie: „Stammt ihr nicht von genauso vielen Männern ab wie wir? Und wir von ebenso vielen Frauen wie ihr?"

Sie stampfte auf und stürmte davon.

Es ergab sich keine Gelegenheit mehr, unsere Scharmützel fortzusetzen. Die Amazone heiratete nämlich. Doch als ich sie nach Monaten wiedersah, erinnerte ich sie an unser altes, ich muß sagen: blödes Thema.

„Weißt du", meinte sie lachend und war hübscher als je zuvor, „damals kannte ich noch nicht alle Argumente der Männer."

Die pommersche Reinheit

Während des letzten Krieges saß ich einmal mit einem Oberst in einer jener Pariser Vergnügungsstätten, wo man nicht schlecht speiste und gute Weine trinken konnte. Gestört wurde man darin, wenn sich der Vorhang an der Stirnfront des Saales hob und eine Bühne freigab, auf der zu hastiger Musik etwa sechzig nur mit einem Lendenschurz bekleidete Mädchen taktfest herumhopsten. Vielen gefällt das. Auch mich bannte der Anblick ein Weilchen, danach hätte ich mich lieber unbehindert mit dem Oberst unterhalten.

„Ja", meinte er, als der Vorhang sank, „von den netten Dingern könnte jede einzelne das Herz beschleunigen. In Halbkompaniestärke angetreten sind sie nichts als eine Truppe, die kommandiert werden muß. Geschieht ja auch. Wenn wir unsere Leute auf dem Kasernenhof die Beine so hoch schmeißen ließen, wäre es Soldatenmißhandlung. Diese Gören lachen dabei."

„Geschäft und Eitelkeit."

„Wat denn sonst, Herr Hauptmann. Da! – sehen Sie – da haben Sie das Geschäft!"

Einige Mädchen gingen von Tisch zu Tisch und boten Bildkarten ihrer Nacktheit feil.

„Wat sagte ich? In der Einzahl sehr beachtenswert."

Er deutete mit einem Ruck des Kopfes auf sechs vierschrötige junge Soldaten am Nebentisch, die aufgerissenen Auges der Maid entgegenstarrten, die mit straffen Brüsten auf sie zukam und sich nun, indem sie verlockend lächelte und die Karten darreichte, über jeden beugte. Und jeder rückte etwas zur Seite, fast ängstlich, zog schnell den Geldbeutel,

kaufte und grinste verlegen. Sie waren eben sehr jung. Einer aber hob die Hand, um ihren bloßen Rücken zu streicheln, doch er wagte es dann nicht, sondern fuhr mit zärtlich gespreizten Fingern durch die Luft längs ihres Nackens bis hinab zur Hüfte, wieder hinauf, einigemal, ohne die Tänzerin im geringsten zu berühren. Sie bemerkte es plötzlich, lachte, faßte seine Hand, drückte sie sich an die Brust, die schöne, unverhüllte, lief fort, guckte zurück, knixte und winkte, verschwand. Der Landser hockte bewegungslos, blutrot bis zu den Ohren.
„Prachtskerl! Pommer!" sagte der Oberst gerührt, „die sind so brav!" Er schnaufte: „Und so rein!"
„In der Einzahl?"
„Wieso? Natürlich in der Mehrzahl!"
Ich drehte mich dem immer noch geröteten Grenadier zu: „Woher seid ihr?"
„Aus Hinterpommern, Herr Hauptmann, wir alle!"
Der Oberst knurrte zufrieden.
„Und Sie, Herr Oberst?"
„Vorpommern!"

Spaziergang mit Sabine

Sie kam überraschend früh auf die Welt, meine älteste Enkelin, die Sabine. Davon blieb sie so schlank. Der Gewitzten und Wißbegierigen genügten sieben Monate, um ein Menschlein zu werden, und schon mußte sie ans Licht drängen. Die Sorgen, die sie ihren Eltern bereitete, ehe sie diese Eilfertigkeit gut überstand, sind nicht vergessen; man wärmte und behütete sie wie ein Ei im Brutkasten. Das ist jetzt lange vorbei. Sie läuft auf flinken wohlgeformten Beinen, ein Wirbelwind, ein ewig hüpfender Irrwisch, eine blitzgescheite Person.
„Weißt du, Otata" – so nennt sie mich – „ich kann schon einen schönen Blumenstrauß pflücken!"
„O, fein!"
Und sie pflückte ihn, während wir durchs Feld wanderten. Nachher ging's ins Städtchen am Friedhof vorbei. „Was ist das für ein Garten?" fragte sie.

„Ja, Sabine, hier schlafen die Toten in der Erde."
Sie lief sofort hinein, spähte rundum, war im Augenblick wieder bei mir, der ihr nachgekommen war. Sie flüsterte: „Wenn wir den Rasen ein wenig wegkratzen, können wir sie dann sehen?"
„Was! Den Rasen wegkratzen! Das darf man nicht!"
„Es merkt's niemand." Mit schnellen Augen hatte sie festgestellt, daß wir allein im Friedhof waren.
„Dort droben!" gab ich zu bedenken und deutete mit dem Daumen zum Himmel.
„Gell, der liebe Gott? Daß der auch alleweil herabschaut!" seufzte sie und versank in ein sekundenkurzes Erstaunen.
„Aber, Otata, die Toten sind ja selber dort oben."
„Na, etwas von ihnen liegt schon unterm Rasen."
Sie strahlte plötzlich: „Ich weiß – die Schuhe!"
„Auch."
Zwischen den Gräbern tapste ein uraltes Weiblein heran, die Rechte waagerecht ausgestreckt auf einem Stab, den Körper rechtwinklig verkrümmt; so wankte und keuchte sie dicht an uns vorüber.
„Otata!" rief Sabine aufgeregt, „nicht wahr, die stirbt bald?"
„Ja, mein Kind, bald", lachte das Weiblein.
Ich stammelte eine Entschuldigung.
„Hat nichts auf sich, Herr. Kinder reden die Wahrheit!"
Ich packte Sabine an der Hand und zog sie schnurstracks auf die Straße. „Deinen Strauß", sprach ich draußen etwas ungeschickt, „den hätten wir der alten Tante schenken sollen."
„Nein, die ist so weiß im Gesicht. Vor der fürchten sich die Blumen, weißt du. Den gebe ich einer schönen Frau."
„Wem?"
„Der Großmutter!"
Damit war ich einverstanden. Und wir stiegen zu unserem Garten hinauf. Der Zaun ist an einer Stelle schadhaft. Dort wanden wir uns hindurch. Noch andere Leute pflegen so hineinzuschlüpfen, denn der Hang ist verwildert, ein Paradies voller Verstecke. Sabine tanzte bergan. Ich folgte.
„Ein jähes Rascheln im Gebüsch ließ sie stutzen. Dann sprang sie hinein. Jemand schrie leise auf, eine helle Stimme;

eine dunklere brummte. Ich wollte weitergehen, aber ich hörte Sabine sich ereifern: „Sieh, sind das nicht schöne Blumen? Ich hab sie selbst gepflückt. Willst du sie haben? Ich geb sie dir!"
Es blieb mir nichts übrig, als rasch hinzueilen, die Kleine wegzuziehen, die Ungebärdige, weg vom ertappten Liebespaar, das vor Verwirrung reglos am Boden saß, und das Mädchen hielt wahrhaftig den Blumenstrauß in der zitternden Linken.
Nach einigen Schritten tadelte ich Sabine: „Den Strauß sollte doch die Großmutter haben."
„Weißt du, die Tante ist viel schöner."
„So? Warum denn?"
„Weil ihr Gesicht ganz rot war. Die hat sich so gefreut über meine Blumen!"
„Bestimmt, Sabine, bestimmt!" Heinrich Zillich

Frühling

Die Welt wird wieder grün!
Allüberall ein Blüh'n,
ein Locken und ein Geben.
O Sonne, o Glück, o Leben!

Der Himmel wird wieder blau!
Vorüber Winters Wolkengrau.
Allüberall ein Klingen,
ein Freuen, ein Glanz, ein Singen!

Das Herz wird wieder weit!
Von Kälte und Trübe befreit,
der Sonne froh entgegen.
O Wärme, o Lenzessegen!

Editha Pöschko-Laub

Klage (1809)

O könnt' ich mich niederlegen
Weit in den tiefsten Wald,
Zu Häupten den guten Degen,
Der noch von den Vätern alt,

Und dürft' von allem nicht spüren
In dieser dummen Zeit,
Was sie da unten hantieren,
Von Gott verlassen, zerstreut;

Von fürstlichen Taten und Werken,
Von alter Ehre und Pracht,
Und was die Seele mag stärken,
Verträumend die lange Nacht!

Denn eine Zeit wird kommen,
Da macht der Herr ein End',
Da wird den Falschen genommen
Ihr unechtes Regiment.

Denn wie die Erze vom Hammer,
So wird das lockre Geschlecht
Gehaun sein von Not und Jammer
Zu festem Eisen recht.

Da wird Aurora tagen
Hoch über den Wald hinauf,
Da gibt's was zu singen und schlagen,
Da wacht ihr, Getreuen, auf.

    Joseph Freiherr von Eichendorff

Nachtgespräch

„Hohe Herren, Exzellenzen" –
auch heute noch: „Exzellenzen". –
Legt die Kränze am Grabe des „Unbekannten Soldaten"
nieder –
in Belgrad, Warschau, Moskau, Paris oder London. –

Über Gräber die Hand, –
die Toten sind alle Brüder, dort drüben!
Aber warum vergeßt Ihr die Gefallenen
unseres Volk's? –
Meine Kameraden, – und es sind doch so viele!
– Wie könntet Ihr auch? –
(Und der Lorbeerkranz wäre aus Plastik, – Folie und
unecht.)

Mein Kamerad Hagen, mit dem ich Tausende Kilometer
fuhr und marschierte im Westen und Osten,
braucht keinen Kranz,
und Euren gewiß nicht!
Aber ich weiß, er schaut über meine Schulter
in die flackernde Kerze.
– „auf Posten nichts Neues" –
„Weitermachen! – "
haucht er. –

Und nun spür' ich die doppelte Bürde,
den schweren Auftrag –,
Ihr braucht keine Kränze –,
seid neben uns!
Und Ihr wißt es, warum
bei den wenigen, bei dem riesigen Abschnitt,
den gelichteten Reihen –
und – kaum einer Hoffnung auf Nachschub!
(Aber er kommt!)

                                                Erich Lipock

Heraus, wir Jungen!

Heraus, wir Jungen!
Deutschland ruft.
Väter, wir hören,
da ihr es schuft.

Heraus, wir Jungen!
Frieden und Recht
tragen als Banner wir
junges Geschlecht.

Heraus, wir Jungen!
All auf die Bahn!
Junger Tat alle Ehr
ist aufgetan.

Heraus, wir Jungen!
Unser Schritt ist gleich.
Ein Herz in der Brust!
So sind wir reich.

Heraus, wir Jungen!
Hört, wie es ruft!
Deutschland will leben.
Deutschland ruft.

Rudolf G. Binding

1. Sonntag
2. Montag
3. Dienstag
4. Mittwoch
5. Donnerstag
6. Freitag
7. Samstag
8. Sonntag
9. Montag
10. Dienstag
11. Mittwoch
12. Donnerstag
13. Freitag
14. Samstag
15. Sonntag
16. Montag
17. Dienstag
18. Mittwoch
19. Donnerstag
20. Karfreitag
21. Samstag
22. Ostern
23. Ostermontag
24. Dienstag
25. Mittwoch
26. Donnerstag
27. Freitag
28. Samstag
29. Sonntag
30. Montag

Die Geschichte eines Volkes
ist der Vollzug seines Schicksals.

Herbert Böhme

DENNOCH!

Hoch entrückt der trüben Flut,
Lärmender Gasse welten-fern,
Reiner Gral in Herzens-Hut,
Liebes Licht, inwendiger Stern,
Nur mit heiliger Scheu genannt:
Mutter-Laut und Vater-Land.

Gerhard Schumann

„Deutschland ist ein gut Land, ist aller Länder Krone!" sagt ein Wort, das Florian Geyer zitiert. Wir wissen alle, wie schön es ist mit seinen Strömen, Seen, Ebenen und seinen Küsten, mit seinen großen und kleinen Städten, von denen die kleinsten manchmal die größten Juwelen sind.
Ich nenne es das dem Deutschtum immanente Wunder, daß es sich durch alle unzähligen Stürme, Gewitter und Erdbeben der Jahrhunderte erhalten und in seiner Kraft immer wiedergeboren hat.

Gerhart Hauptmann

Eines geht mich an, eins weiß ich:
daß ich das meine tun und eher untergehen soll,
als mich einer fremden Macht blind ergeben.

Die Vorsehung geht mit dem All der Dinge
und mit dem Menschengeschlechte ihren ewig dunklen Weg,
den ich nimmer verstehen werde.
Aber auch in meine Hand ist eine Vorsehung gegeben.

Wenn ich für das allgemeine empfinde, handle, strebe,
so fühle ich auch in mir — wie klein oder groß ich sei —
eine Kraft, welche das Weltschicksal ändern kann.

Ernst Moritz Arndt

Nachts am Fenster

Wo der Hügelrand, der bleiern gezackte,
wider den Himmel stößt
— sein Knirschen über dem Aufruhr der Wipfel,
vernimmst du's? —,
steilt der Nachen empor.

Scharf schneidet sein Kiel
in zerstiebendes Schaumgewölk,
vom gläsernen Mast winken Wimpel und Segel —
so entpfeilt er der Brandung.
Sanft nimmt des Ozeans dunkelnde Weite ihn auf.

Keine Woge mehr wirft ihm hier hemmend
der Nachtwind entgegen.
Gelassen schwebt
— ruhevoll spiegelnd —
auf unendlicher Tiefe sein Bild.

Langsam nun wendet den Bug er
dem Hausgiebel zu, gemächlich
— der schrille Warnruf des Vogels,
gilt er ihm oder mir? —
treibt er heran.

Es neigt aus leuchtender Barke sich
das blasse Traumgesicht meines Schlafs.
Vom Wasser des Abendregens
in der Traufe unter dem Fenster
schöpft es zum Trunk,

legt still — gesitteter Gast —
ein wenig Silber hinein
und entgleitet —
Ahnst du, Herz, wer es war? —

      Rose von Kracht

Mein Vater

Der Mensch rechnet immer das, was ihm fehlt, dem Schicksal doppelt so hoch an als das, was er wirklich besitzt; so haben mich auch die langen Erzählungen der Mutter immer mehr mit Sehnsucht nach meinem Vater erfüllt, welchen ich nicht mehr gekannt habe. Meine deutlichste Erinnerung an ihn fällt sonderbarerweise um ein volles Jahr vor seinem Tod zurück, auf einen einzelnen schönen Augenblick, wo er an einem Sonntagabend auf dem Felde mich auf den Armen trug, eine Kartoffelstaude aus der Erde zog und mir die anschwellenden Knollen zeigte, schon bestrebt, Erkenntnis und Dankbarkeit gegen den Schöpfer in mir zu erwecken. Ich sehe noch jetzt das grüne Kleid und die schimmernden Metallknöpfe zunächst meinen Wangen und seine glänzenden Augen, in welche ich verwundert sah von der grünen Staude weg, die er hoch in der Luft hielt. Meine Mutter rühmte mir nachher oft, wie sehr sie und die begleitende Magd erbaut gewesen seien von seinen schönen Reden. Aus noch früheren Tagen ist mir seine Erscheinung ebenfalls geblieben durch die befremdliche Überraschung der vollen Waffenrüstung, in welcher er eines Morgens Abschied nahm, um mehrtägigen Übungen beizuwohnen; da er ein Schütze war, so ist auch dies Bild mit der lieben grünen Farbe und mit heiterem Metallglanze für mich ein und dasselbe geworden. Aus seiner letzten Zeit aber habe ich nur noch einen verworrenen Eindruck erhalten, und besonders seine Gesichtszüge sind mir nicht mehr erinnerlich.
Wenn ich bedenke, wie heiß treue Eltern auch an ihren ungeratensten Kindern hängen und dieselben nie aus ihrem Herzen verbannen können, so finde ich es höchst unnatürlich, wenn sogenannte brave Leute ihre Erzeuger verlassen und preisgeben, weil dieselben schlecht sind und in der Schande leben, und ich preise die Liebe eines Kindes, welches einen zerlumpten und verachteten Vater nicht verläßt und verleugnet, und begreife das unendliche, aber erhabene Weh einer Tochter, welche ihrer verbrecherischen Mutter noch auf dem Schafotte beisteht. Ich weiß daher nicht, ob es aristo-

kratisch genannt werden kann, wenn ich mich doppelt glücklich fühle, von ehrlichen und geachteten Eltern abzustammen, und wenn ich vor Freude erröte, als ich, herangewachsen, zum ersten Male meine bürgerlichen Rechte ausübte in bewegter Zeit und in Versammlungen mancher bejahrte Mann zu mir herantrat, mir die Hand schüttelte und sagte, er sei ein Freund meines Vaters gewesen, und er freue sich, mich auch auf dem Platze erscheinen zu sehen; als dann noch mehrere kamen und jeder den „Mann" gekannt haben und hoffen wollte, ich werde ihm würdig nachfolgen. Ich kann mich nicht enthalten, sosehr ich die Torheit einsehe, oft Luftschlösser zu bauen und zu berechnen, wie es mit mir gekommen wäre, wenn mein Vater gelebt hätte, und wie mir die Welt in ihrer Kraftfülle von frühester Jugend an zugänglich gewesen wäre; jeden Tag hätte mich der treffliche Mann weitergeführt und würde seine zweite Jugend in mir verlebt haben. Wie mir das Zusammenleben zwischen Brüdern ebenso fremd als beneidenswert ist und ich nicht begreife, wie solche meistens auseinanderweichen und ihre Freundschaft außerwärts suchen, so erscheint mir auch, ungeachtet ich es täglich sehe, das Verhältnis zwischen einem Vater und einem erwachsenen Sohne um so neuer, unbegreiflicher und glückseliger, als ich Mühe habe, mir dasselbe auszumalen und das nie Erlebte zu vergegenwärtigen.

So aber muß ich mich darauf beschränken, je mehr ich zum Manne werde und meinem Schicksale entgegenschreite, mich zusammenzufassen und in der Tiefe meiner Seele still zu bedenken: Wie würde er nun an deiner Stelle handeln, oder was würde er von deinem Tun urteilen, wenn er lebte. Er ist vor der Mittagshöhe seines Lebens zurückgetreten in das unerforschliche All und hat die überkommene goldene Lebensschnur, deren Anfang niemand kennt, in meinen schwachen Händen zurückgelassen, und es bleibt mir nur übrig, sie mit Ehren an die dunkle Zukunft zu knüpfen oder vielleicht für immer zu zerreißen, wenn auch ich sterben werde. – Nach vielen Jahren hat meine Mutter nach langen Zwischenräumen wiederholt geträumt, der Vater sei plötzlich von einer langen Reise aus weiter Ferne, Glück und

Freude bringend, zurückgekehrt, und sie erzählte es jedesmal am Morgen, um darauf in tiefes Nachdenken und in Erinnerungen zu versinken, während ich, von einem heiligen Schauer durchweht, mir vorzustellen suchte, mit welchen Blicken mich der teure Mann ansehen und wie es unmittelbar werden würde, wenn er wirklich eines Tages so erschiene.
Je dunkler die Ahnung ist, welche ich von seiner äußeren Erscheinung in mir trage, desto heller und klarer hat sich ein Bild seines inneren Wesens vor mir aufgebaut, und dies edle Bild ist für mich ein Teil des großen Unendlichen geworden, auf welches mich meine letzten Gedanken zurückführen und unter dessen Obhut ich zu wandeln glaube. Gottfried Keller

Das einzige Ziel

Mein innerst' Sein verlangt nach andern Taten
als nach dem Kreislaufkampf um Trank und Speis':
Ich kann sehr wohl so wie die Asiaten
Auskommen mit der hohlen Hand voll Reis!

Mein einzig' Ziel ist, soviel Zeit zu haben,
Um ohne Hast, gelass'ner Ruhe voll,
Ganz zu entfalten meines Geistes Gaben
Am Werk, das allen weiterhelfen soll!

Doch nicht das Anerkanntsein ist mir wichtig;
Ich lernt' im Schatten leben ohne Leid...
Die eitle Sucht nach Ruhm ist lachhaft nichtig:
Das wahre Urteil spricht der Nachfahr'n Zeit!

Verschworen hab' ich mich der Welt von morgen,
Als Pionier mit Undank oft belohnt.
Das Schöpferische thront ob Harm und Sorgen,
Wenn nur dem Wirken Zukunft innewohnt!

Heinrich Anacker

Einem Tagelöhner

Lange Jahre sah ich dich
führen deinen Spaten,
und ein jeder Schaufelstich
ist dir wohl geraten.

Nie hat dir des Lebens Flucht
bang gemacht, ich glaube —
sorgtest für die fremde Frucht,
für die fremde Traube.

Nie gelodert hat die Glut
dir in eignem Herde;
doch du fußtest fest und gut
auf der Mutter Erde.

Nun hast du das Land erreicht,
das du fleißig grubest.
Laste dir die Scholle leicht,
die du täglich hubest!

Conrad Ferdinand Meyer

Nachbarskinder

Ev war fünf, Horst neun Jahre alt, als sie Freundschaft schlossen. In späteren Jahren ging sie ins Lyzeum, er besuchte das Gymnasium; doch wenn sie frühmorgens einander begegneten, konnte vorkommen, daß entweder das Mädchen oder der Junge eine Unterrichtsstunde versäumte, weil sie sich soviel zu erzählen hatten, daß sie Schule und Lehrer vergaßen.

... Dann kam der Krieg: Horst marschierte in Frankreich, fror vor Moskau, lag verwundet im Lazarett und unternahm mit Ev während des anschließenden Genesungsurlaubs weite Spaziergänge. – Stolz berichtete ihm die sechzehnjährige Untersekundanerin, sie habe sich freiwillig zum Dienst als Frontschwester gemeldet. – „Da wirst Du viel Furchtbares und Grauenvolles erleben", mahnte sie der im feldgrauen Rock. – Das Mädchen dachte kurz nach, ehe es antwortete: „Mag sein, mag sein! Aber, wer denn sollte denen die Briefe schreiben, die blind sind und keine Hände mehr haben? Du mußt doch auch viel ‚Furchtbares und Grauenhaftes' erleben dort draußen an der Front. Wir wollen ja nur helfen, all die Schmerzen und Wunden, die euch die andern zufügen, zu stillen und zu heilen!" ...
... Es mag im März 1944 gewesen sein; die Zeit zwischen zwei Zügen hatte Horst gereicht, bis zur Krakauer Pilsudskibrücke zu schlendern und am Ufer der Weichsel entlangzugehen; und auf dem Rückweg begegnete er Ev: in schmukker Schwesternuniform, unter dem weißen Häubchen mit dem roten Kreuz quoll ihr kastanienfarbenes Haar bis auf die Schultern herab. – Nach der freudigen Begrüßung stellten die beiden Nachbarskinder traurig fest, daß Horst „schon wieder zurück zum Bahnhof" müsse, wolle er den kurzen Heimaturlaub, der vor ihm lag, so „richtig ausschöpfen". Eva begleitete ihn und bat noch auf dem Bahnsteig: „Schau doch mal bei meinen Eltern rein und erzähl ihnen, daß es mir hier in Krakau eigentlich recht gut gefällt. Mutti soll aber nicht traurig sein, weil meine Briefe so arg kurz sind; es gibt immer 'ne Menge Arbeit. – Sieh: da drüben kommt schon wieder ein Lazarettzug an, dessen traurige Menschenfracht für uns bestimmt ist! – Wenn du dann zurückfährst und hier wieder umsteigen mußt: richt's so ein, daß wir etwas länger miteinander plaudern können!" ...
An einem der folgenden Tage besuchte Horst Evs Eltern; obwohl er sich keineswegs als „Held" betrachtete, wurde er doch so behandelt. Evs Mutter fragte ihn sogar, ob er lieber Kakao oder „echten Kaffee" möge. „Ich habe nämlich Beziehungen", verkündete sie mit geheimnisvoll-spitzbübischem

Lächeln. – Am kleinen Ecktisch in der geschmackvoll eingerichteten Veranda mit den großen Fenstern saßen des Mädchens Eltern und Horst zusammen: ob Ev sich denn auch wirklich nicht übernehme, wann sie auf Urlaub komme, – wie Horst „Frontlage" und „Wunderwaffe" einschätze, wollten die besorgten Eltern – alles „in einem Atemzug" – erfahren; und der Nachbarsjunge gab Auskunft „nach bestem Wissen und Gewissen". . .
„Fahren Sie auf dem Rückweg wieder über Krakau?" fragte die Mutter, als er bereits umschnallte. – „Für mich", antwortete Horst, „führt kein anderer Weg nach vorn. Mein Urlaubsschein verliert seine Gültigkeit in Krakau; die dortige Frontleitstelle muß mir einen neuen Marschbefehl ausstellen!" – „Treffen Sie Ev noch einmal?" – „Verabredet haben wir's so!" – „Dann gebe ich Ihnen ein Päckchen mit, ja? Holen Sie's am Tage vor Ihrer Rückreise ab?" – Der junge Mann versprach's gern. . . .
An einem regnerischen Abend fuhr Horst los; das Päckchen für Eva ließ er nicht aus den Augen. Das Mädchen stand auf dem Bahnsteig: es hatte das Telegramm, in dem Horst sein „genaues Eintreffen" mitteilte, am vorhergehenden Abend bekommen und begrüßte ihn freudig: „Ich habe dienstfrei bis 22 Uhr!". . . . Nachdem sich Horst bei der Frontleitstelle den „neuen Marschbefehl" geholt hatte, bummelten sie in den Weichsel-Anlagen. – Nur ein Nachmittag gehörte den beiden; doch schien ihnen, als seien jene Tage zurückgekehrt, da sie noch zur Schule gingen und Unterrichtsstunden versäumten, „weil's soviel zu erzählen gab, daß sie Lehrer und Schule vergaßen!". . .
. . . Im Juli 1944 war Horst noch einmal für drei Tage zu Hause –, „schwarz natürlich und im zivilen Anzug, den ihm irgend jemand geliehen hatte. Zufall oder Schicksal wollten es, daß Ev ebenfalls bei Muttern weilte". . . .
. . . Die „beiden Nachbarskinder" haben sich bis heute nicht wiedergesehen, schreiben sich aber nach wie vor regelmäßig und sind auch heute noch, obwohl jedes in einer anderen Stadt wohnt, das, was sie einst waren; Nachbarskinder!. . . . Rudolf Jahn

Fahrt auf der Mosel

Auf leise ziehenden Wassern
das weiße Schiff,
und uferher duftet der Wein
aus den himmelhoch
ragenden Reben.

Wundersam später Sommer,
spiegelnde Bläue,
herznah
rührt Vergangnes dich an,
und du kostest
erdenentrückt
Gold des Vergessens,
den Becher der Freude.

Drüben winkt schon das
Städtchen
Bernkastel,
aber keiner wie einstmals
ist da,
der dich freudig umarmt –

                Natalie Beer

Balduin Brummsel

Der Käfer Balduin Brummsel und seine Frau Susanne Brummsel hatten sich zur Nachtruhe im Kelch einer Tulpe niedergelassen. Es war eine rote Tulpe, denn andersfarbige Tulpen und besonders gelbe konnten Frau Susannes Nerven nicht vertragen. An sich schien das eben belanglos, denn es war dunkel geworden, und man konnte von Farben nicht mehr viel sehen. Aber es war nicht belanglos, was Frau Susanne Brummsel betraf.
Balduin Brummsel hatte seine sechs Beine unter dem Leib gesammelt und beschloß zu schlafen.
„Balduin", sagte Frau Susanne Brummsel, „es ist sehr dunkel geworden. Weißt du auch bestimmt, daß es eine rote Tulpe ist, in der wir nächtigen?"
„Ja, es ist eine rote Tulpe", sagte Balduin Brummsel.
„Du weißt es doch, daß meine Nerven es nicht vertragen, in einer gelben Tulpe zu schlafen?" sagte Frau Susanne Brummsel.
„Ja, ich weiß es", sagte Balduin Brummsel.
„Gelbe Tulpen sind abscheulich, warum gibt es überhaupt gelbe Tulpen?" fragte Frau Susanne Brummsel.
„Ich weiß es nicht", sagte Balduin Brummsel.
Pause. Balduin Brummsel war nahe am Einschlafen.
„Balduin", sagte Frau Susanne Brummsel, „Balduin, weißt du es auch gewiß, daß die Tulpe sich geschlossen hat, so daß wir gesichert schlafen können?"
„Ja, ich weiß es", sagte Balduin Brummsel.
„Balduin", sagte Frau Susanne Brummsel, „willst du nicht lieber noch einmal nachsehen, ob die Tulpe sich wirklich geschlossen hat?"
Balduin Brummsel kroch nach oben und kroch wieder nach unten.
„Ja, die Tulpe ist geschlossen", sagte er, sammelte seine sechs Beine unter dem Leibe und beschloß einzuschlafen.
„Balduin", sagte Frau Susanne Brummsel, „hast du es bemerkt, daß die Hummel Barbara Blütenbär einen dicken Pelz trug, obwohl es ein ganz heißer Tag war?"

„Ja, ich habe es bemerkt", sagte Balduin Brummsel.
„Ist es nicht ein Unsinn, einen dicken Pelz zu tragen, wenn es ein so heißer Tag ist? sagte Frau Susanne Brummsel und machte eine predigende Bewegung mit den Fühlern, „warum trägt diese dumme Hummel bloß einen dicken Pelz?"
„Ich weiß es nicht", sagte Balduin Brummsel.
„Balduin, glaubst du, daß solch ein dicker Pelz mir stehen würde?" fragte Susanne Brummsel.
„Es kann sein, ich weiß es nicht", sagte Balduin Brummsel.
Pause.
Balduin Brummsel war wieder nahe am Einschlafen.
„Balduin", sagte Frau Susanne Brummsel, „du weißt doch bestimmt, daß die Tulpe sich geschlossen hat?"
„Ja, ich weiß es", sagte Balduin Brummsel.
„Balduin", sagte Frau Susanne Brummsel, „sieh doch lieber noch einmal nach, ob die Tulpe sich wirklich geschlossen hat."
Balduin Brummsel kroch nach oben und kroch wieder nach unten.
„Ja, die Tulpe ist geschlossen", sagte er, sammelte seine sechs Beine unter dem Leibe und beschloß einzuschlafen.
Pause.
„Balduin", sagte Frau Susanne Brummsel, „hast du es bemerkt, daß die Biene Melitta Emsig bloß einen leichten Jumper trug, obwohl es doch so ein kühler Tag war?"
„Ja, ich habe es bemerkt", sagte Balduin Brummsel, „aber sagtest du nicht eben, daß es ein sehr heißer Tag gewesen wäre?"
„Wie kann ich sagen, daß es ein heißer Tag war, wenn es ein ganz kühler Tag gewesen ist?" sagte Frau Susanne Brummsel und machte eine predigende Bewegung mit den Fühlern, „ist es nicht ein Unsinn, bloß einen leichten Jumper zu tragen, wenn es ein so kühler Tag ist? Warum trägt diese dumme Biene bloß einen so leichten Jumper?"
„Ich weiß es nicht", sagte Balduin Brummsel.
„Balduin, glaubst du, daß solch ein leichter Jumper mir stehen würde?" fragte Frau Susanne Brummsel.
„Es kann sein, ich weiß es nicht", sagte Balduin Brummsel.

Pause. Balduin Brummsel war noch einmal nahe am Einschlafen.

„Balduin", sagte Frau Susanne Brummsel, „die Tulpe wird sich am Ende doch nicht wieder geöffnet haben?"

„Nein, das wird sie nicht", sagte Balduin Brummsel.

„Balduin", sagte Frau Susanne Brummsel, „sieh doch lieber noch einmal nach, ob die Tulpe sich nicht am Ende doch wieder geöffnet hat".

Balduin Brummsel kroch nach oben und kroch wieder nach unten.

„Nein, die Tulpe hat sich nicht wieder geöffnet", sagte er, sammelte seine sechs Beine unter dem Leibe und beschloß einzuschlafen.

„Balduin" sagte Frau Susanne Brummsel, „warum frißt dein Vetter, der Maikäfer Zacharias Zange, so viele Blätter an einem Tage?"

„Ich weiß es nicht, wahrscheinlich hat er Appetit", sagte Balduin Brummsel.

„Balduin", sagte Frau Susanne Brummsel und machte eine predigende Bewegung mit den Fühlern, „du mußt das wissen, Balduin, es ist doch eine Familienangelegenheit, und ich finde, es ist peinlich, Verwandte zu haben, die so unmäßig fressen."

„Balduin", sagte Frau Susanne Brummsel, „willst du nicht doch lieber nachsehen, ob die Tulpe sich nicht — —"

„Nein, das werde ich nicht tun", schrie Balduin Brummsel, „ich weiß es genau, daß die Tulpe sich nicht wieder geöffnet hat, denn sie hatte sich gar nicht geschlossen. Es ist auch gar keine rote Tulpe, sondern eine ganz gelbe. Ein dicker Pelz und ein leichter Jumper würden dir nicht stehen, und wenn du soviel fressen würdest wie Zacharias Zange, so würdest du noch mehr fragen, als du es jetzt schon tust!"

Balduin Brummsel schlief diese Nacht zum erstenmal in seiner Ehe ausgezeichnet. Frau Susanne Brummsel tat zum erstenmal in ihrer Ehe kein Auge zu. Sie schwieg zwar, auch zum erstenmal in ihrer Ehe, aber sie machte die ganze Nacht unaufhörlich und ohne eine einzige Pause predigende Bewegungen mit den Fühlern. Manfred Kyber

Die drei Diebe

Der geneigte Leser wird ermahnt, nicht alles für wahr zu halten, was in dieser Erzählung vorkommt. Doch ist sie in einem schönen Buch beschrieben und zu Vers gebracht.
Der Zundelheiner und der Zundelfrieder trieben von Jugend auf das Handwerk ihres Vaters, der bereits am Auerbacher Galgen mit des Seilers Tochter kopuliert war, nämlich mit dem Strick; und ein Schulkamerad, der rote Dieter, hielt's auch mit und war der jüngste. Doch mordeten sie nicht und griffen keine Menschen an, sondern visitierten nur bei Nacht in den Hühnerställen und, wenn's Gelegenheit gab, in den Küchen, Kellern und Speichern, allenfalls auch in den Geldtrögen, und auf den Märkten kauften sie immer am wohlfeilsten ein. Wenn's aber nichts zu stehlen gab, so übten sie sich untereinander mit allerlei Aufgaben und Wagstücken, um im Handwerk weiterzukommen. Einmal im Wald sieht der Heiner auf einem hohen Baum einen Vogel auf dem Nest sitzen, denkt, er hat Eier, und fragt die anderen: „Wer ist imstand und holt dem Vogel dort oben die Eier aus dem Nest, ohne daß es der Vogel merkt?" Der Frieder, wie eine Katze, klettert hinauf, naht sich leise dem Nest, bohrt langsam ein Löchlein unten drein, läßt ein Eilein nach dem anderen in die Hand fallen, flickt das Nest wieder zu mit Moos und bringt die Eier. – „Aber wer dem Vogel die Eier wieder unterlegen kann", sagte jetzt der Frieder, „ohne daß es der Vogel merkt!" Da kletterte der Heiner dem Baum hinan, aber der Frieder kletterte ihm nach, und während der Heiner dem Vogel langsam die Eier unterschob, ohne daß der Vogel es merkte, zog der Frieder dem Heiner langsam die Hosen ab, ohne daß es der Heiner merkte. Da gab es ein groß Gelächter, und die beiden anderen sagten: „Der Frieder ist der Meister." Der rote Dieter aber sagte: „Ich sehe schon, mit euch kann ich's nicht zugleich tun, und wenn's einmal zu bösen Häusern geht, und der Unrechte kommt über uns, so ist's mir nimmer Angst für euch, aber für mich." Also ging er fort, wurde wieder ehrlich und lebte mit seiner Frau arbeitsam und häuslich. Im Spätjahr, als die zwei anderen noch

nicht lang auf dem Roßmarkt ein Rößlein gestohlen hatten, besuchten sie einmal den Dieter und fragten ihn, wie es ihm gehe; denn sie hatten gehört, daß er ein Schwein geschlachtet, und wollten ein wenig achtgeben, wo es liegt. Es hing in der Kammer an der Wand. Als sie fort waren, sagte der Dieter: „Frau, ich will das Säulein in die die Küche tragen und die Mulde draufdecken, sonst ist es morgen nimmer unser." In der Nacht kommen die Diebe, brechen, so leise sie können, die Mauer durch, aber die Beute war nicht mehr da. Der Dieter merkt etwas, steht auf, geht um das Haus und sieht nach. Unterdessen schleicht der Heiner um das andere Eck herum ins Haus bis zum Bett, wo die Frau lag, nimmt ihres Mannes Stimme an und sagt: „Frau, die Sau ist nimmer in der Kammer." Die Frau sagt: „Schwätz nicht so einfältig! Hast du sie nicht selber in die Küche unter die Mulde getragen?" — „Ja, so", sagte der Heiner, „drum bin ich halb im Schlaf", und ging, holte das Schwein und trug es unbeschrien fort, wußte in der finsteren Nacht nicht, wo der Bruder ist, dachte, er wird schon kommen an den bestellten Platz im Wald. Und als der Dieter wieder ins Haus kam und nach dem Säulein greifen will, „Frau", rief er, „jetzt haben's die Galgenstricke doch geholt." Allein so geschwind gab er nicht gewonnen, sondern setzte den Dieben nach, und als er dem Heiner einholte (er war schon weit vom Hause weg) und als er merkte, daß er allein sei, nahm er schnell die Stimme des Frieders an und sagte: „Bruder, laß jetzt mich das Säulein tragen, du wirst müde sein." Der Heiner meint, es sei der Bruder und gibt ihm das Schwein, sagt, er wolle vorausgehen in den Wald und ein Feuer machen. Der Dieter aber kehrte hinter ihm um, sagte für sich selber: „Hab' ich dich wieder, du liebes Säulein!" und trug es heim. Unterdessen irrte der Frieder in der Nacht herum, bis er im Wald das Feuer sah, und kam und fragte den Bruder: „Hast du die Sau, Heiner?" Der Heiner sagte: „Hast du sie denn nicht, Frieder?" Da schauten sie einander mit großen Augen an, und hätten kein so prasselndes Feuer von buchenen Spänen gebraucht zum Nachtkochen. Aber desto schöner prasselte jetzt das Feuer daheim in Dieters Küche. Denn das Schwein wurde sogleich

nach der Heimkunft verhauen und Kesselfleisch über das Feuer getan. Denn der Dieter sagte: „Frau, ich bin hungrig, und was wir nicht beizeiten essen, holen die Schelme sich doch." Als er sich aber in einen Winkel legte und ein wenig schlummerte, und die Frau kehrte mit der eisernen Gabel das Fleisch herum und schaute einmal nach der Seite, weil der Mann im Schlaf so seufzte, kam eine zugespitzte Stange langsam durch das Kamin herab, spießte das beste Stück im Kessel an und zog's herauf; und als der Mann im Schlaf immer ängstlicher winselte, und die Frau immer ängstlicher nach ihm sah, kam die Stange zum zweitenmal und zum drittenmal; und als die Frau den Dieter weckte: „Mann, jetzt wollen wir anrichten", da war der Kessel leer, und wär' ebenfalls kein so großes Feuer nötig gewesen zum Nachtkochen. Als sie aber beide schon im Begriff waren, hungrig ins Bett zu gehen und dachten: Will der Henker das Säulein holen, so können wir's ja doch nicht heben, da kamen die Diebe vom Dach herab, durch das Loch der Mauer in die Kammer, und aus der Kammer in die Stube, und brachten wieder, was sie gemaust hatten. Jetzt ging ein fröhliches Leben an. Man aß und trank, man scherzte und lachte, als ob man gemerkt hätte, es sei das letzte Mal, und war guter Dinge, bis der Mond im letzten Viertel über das Häuslein wegging und zum zweitenmal im Dorf die Hahnen krähten und von weitem der Hund des Metzgers bellte. Denn die Strickreiter waren auf der Spur, und als die Frau des roten Dieters sagte: „Jetzt ist's einmal Zeit ins Bett", kamen die Strickreiter von wegen des gestohlenen Rößleins und holten den Zundelheiner und den Zundelfrieder in den Turm und in das Zuchthaus.
                Johann Peter Hebel

*Die Prager Kaiserburg auf dem Hradschin
und der Veitsdom, gesehen vom Laurenziberg.*

Es stand vor eines Hauses Tor

Es stand vor eines Hauses Tor
Ein Esel mit gespitztem Ohr.
Der käute sich sein Bündel Heu
Gedankenvoll und still entzwei. –
Nun kommen da und bleiben stehn
Der naseweisen Buben zween,
Die auch sogleich, indem sie lachen,
Verhaßte Redensarten machen,
Womit man denn bezwecken wollte,
Daß sich der Esel ärgern sollte. –-
Doch dieser hocherfahr'ne Greis
Beschrieb nur einen halben Kreis,
Verhielt sich stumm und zeigte itzt
Die Seite, wo der Wedel sitzt.

Wilhelm Busch

Die Heimat im Herzen

Im Unglück nicht wankend
bleibt in mir dein Bild;
du hältst mich noch aufrecht,
du eherner Schild.

Mein Herz ist gewappnet,
zur Rückkehr entbrannt;
denn du bist mir alles,
mein märkisches Land!

Doch weh: das Vermächtnis
der Eltern wär' fort!
Ertrüg' ich die Wunde?
Kein Heim mehr der Ort.

Auf unseren Straßen
verlassen, allein,
geduldet als Fremder,
erstarrt in der Pein.

Gemahnt von den Schatten
der Toten ringsum!
Die Erde, die deutsche,
sie bliebe nicht stumm.

Sie pochte und riefe:
„Ist das nun mein Los,
war Heimat nicht immer
ein heiliger Schoß?

Ihr sahet sein Blühen,
mit Liebe getränkt,
und habt ihn verworfen
und ehrlos verschenkt!"

Der Schmerz würde Flamme:
„Verbrenne, Verrat,
verachteter Acker
ist mordende Tat!"

Geschändete Heimat
will nie mehr ich sehn!
Im Saatfeld der Ehre
wird neu sie erstehn.

        Gerhard Schulz

1.	Tag der Arbeit
2.	Mittwoch
3.	Donnerstag
4.	Freitag
5.	Samstag
6.	Sonntag
7.	Montag
8.	Dienstag
9.	Mittwoch
10.	Donnerstag
11.	Freitag
12.	Samstag
13.	Sonntag
14.	Montag
15.	Dienstag
16.	Mittwoch
17.	Donnerstag
18.	Freitag
19.	Samstag
20.	Sonntag
21.	Montag
22.	Dienstag
23.	Mittwoch
24.	Donnerstag
25.	Freitag
26.	Samstag
27.	Pfingsten
28.	Pfingstmontag
29.	Dienstag
30.	Mittwoch
31.	Chr. Himmelf.

Es gibt keinen Augenblick, in dem ich nicht Deutschlands gedenke, obgleich mein Teil leider nicht mehr die Kraft besitzt, so zu wirken, wie ich möchte. Jeder kleine Fortschritt bedeutet mir, Tag und Nacht, im Traum und im Wachen, Deutschland. Ich kenne keinen anderen Gedanken, und alles ist nur der.

Gerhart Hauptmann, 1945

Die sich selbst und das Vaterland preisgeben, erhalten die Zusicherung, ungeahndet die größte Pressefrechheit ausüben zu dürfen.

Friedrich Ludwig Jahn

„Eine Frau, die einen Kinderwagen vor sich herschiebt, hat das Recht, zum Sieger von Sedan und zum Dichter des ‚Faust' zu sagen: ‚Bitte geh mir aus dem Weg!'." Es wär hoch an der Zeit, daß man Mütter wieder so einschätzt!

Otto von Bismarck

Werkgeheiligt

All dein Friede ruht in deinem Werke.
Tiefste Sehnsucht kann das Ich nicht stillen.
Aller Wesen Mut und Glaubensstärke
Liegt im Wirken, nicht im Willen.

Wille schweigt in wunschbewegten Träumen,
Liebe erst und Tat sprengt Lebenspforten.
Öffne dich, laß glühend überschäumen:
Und das Ich ist selbst geworden.

Lerne deinen nächsten Tag vergessen,
Der das Herz mit kargen Fingern faßt,
Nicht auf Stundenenge zugemessen
Sei dir Menschenglück und Last.

Gib dich, du gewinnst dein freies Eigen.
Bahn sei deine Drangsal, Weg sei du!
Und der Himmelsnächte weites Schweigen
Strahlt dein Eigenstes dir zu.

Erwin Guido Kolbenheyer

Bekenntnis

So steh ich denn mit wenigen allein
und rufe einsam in die Nacht hinein,
daß sie mit Schrecken diese Welt berede,
die, blind und taub, ihr eignes Herz verriet.

Ich rufe weiter, bis ich rufend falle.
Ich will Gehör. Ich will nicht Ruhm und Kranz.
Bekenntnis und Vermächtnis ist mein Lied.

Und ob ich auch die Treue blutig zahle:
Dir, deutsche Kunst, gehört mein Trachten ganz!

Martin Machule

Friede

Friede, süßes Wort,
tief und tausendfach ersehnt,
Friede, Gottes Hort,
dem kein Abgrund gähnt;
Friede, Weltenglück,
das nicht Not und Trübsal kennt,
goldnes Himmelsstück,
das im Herzen brennt.
Friede, binde du
fest um uns dein hehres Band,
hüte immerzu
unser Heimatland!

Karl Skala

Frieden im Krieg

Das war im Jahr 1916 vor der großen Russen-Offensive. Das Artillerieregiment, dem ich angehörte, hauste damals in der Wald- und Sumpfgegend von Luck, deren ungeheure Ausdehnung mit europäischen Maßen kaum wiederzugeben ist. Unsere Stellung hatte ihre Vor- und Nachteile. Die Vorteile waren, daß es dem waghalsigsten und scharfsichtigsten Flieger unmöglich war, die Standorte unserer Geschütze am Rande einer der zahllosen Lichtungen auszukundschaften, und daß uns das undurchdringliche Dickicht gegen das Feuer der uns gegenüberliegenden sibirischen Schützen deckte; der Hauptnachteil bestand in den Verpflegungsschwierigkeiten, die um so beträchtlicher waren, als das nächste Dorf 30 Kilometer entfernt lag und die schweren Trainfuhrwerke im Sumpf immer wieder steckenblieben.
Seit Monaten hatten wir nichts bekommen als altes zähes Kuhfleisch und „Wolhynische Sandknödel". Der Name benennt in diesem Falle schon den Hauptbestandteil dieser Zutat, und unser Magen lechzte nach Abwechslung. Ich glaube, wir hätten mit Vergnügen Lederriemen mit Waffenfett gegessen, wenn diese Gegenstände nicht ärarisches Eigentum und daher unverletzlich gewesen wären.
Eines Morgens verließ ich meine Batterie, um weiter vorn, im Schützengraben, meinen vierundzwanzigstündigen Beobachterdienst anzutreten. Es war empfindlich kühl, und ein feiner Nebel lag über der Lichtung, die ich überschreiten mußte. Ich hatte erst wenige Schritte zurückgelegt, als etwas Rötliches meine Aufmerksamkeit fesselte. Schärfer hinsehend, erkannte ich ein Rudel Rehe, das knapp vor den Mündungen unserer Geschütze friedlich äste; drei Geißen und ein starker Bock. Unbekümmert um die nahen Menschen, die sie bisher wohl nicht gekannt hatten, standen sie beisammen und suchten unter den saftigen Kräutern ihre Nahrung.
Ich war stehengeblieben, um das ungewohnte Bild zu betrachten. In dem Gehaben der Tiere lag soviel Ruhe, soviel Vertrauen, daß es mich ergriff. So, als gäbe es mit einemmal keinen Krieg, kein Blutvergießen, als habe eine unbekannte

Macht ein Stück Paradies hierher gezaubert, um die Menschen an den fast schon vergessenen Frieden zu erinnern.
Doch das war nur mein erster Gedanke, der zweite war: Fleisch! Die Tiere standen kaum dreißig Schritt von mir entfernt, und meine Repetierpistole barg sieben Schüsse. Zwei würden gewiß am Platze bleiben, ehe die andern flüchten konnten – und dann gab es Rehbraten!
Der Einwand tauchte in mir auf, daß eine solche Schlächterei nicht waidmännisch sei. Aber ich tat ihn leichten Herzens ab: hier ging es nicht um waidgerechte Jagd.
Da hob der Leitbock das schöne Haupt und sah mit seinem tiefen Tierblick zu mir herüber. Aug in Aug standen wir – ich weiß nicht, wie lange. In den Lichtern des Tieres war weder Mißtrauen noch Angst. In ernster, ruhiger Prüfung waren sie auf mich gerichtet, bemüht, das Rätsel meiner Erscheinung zu lösen. Die Geißen ästen ruhig weiter.
Unter diesem Blick begann mein Herz zu klopfen. Der Metallgriff der Pistole wurde eiskalt unter meinen Fingern. Mir, der ich nun seit fast zwei Jahren nur die eine Aufgabe hatte, zu töten, Leben zu vernichten, war mit einemmal, als wäre das, was zu tun ich mich anschickte, gemeiner Mord, als sei ich im Begriff, die schlechteste Tat meines Lebens zu begehen, als würden erst meine Schüsse den Frieden aus der Welt hetzen.
Der Leitbock hatte seine Prüfung beendet und senkte das Haupt zu den Kräutern nieder. Da ließ ich die Hand vollends niedergleiten, umfaßte das anmutige Bild mit einem letzten Blick und schritt weiter. –
Zehn Minuten später focht ich mit dem russischen Beobachter mir gegenüber, auf den daheim wohl ebenso eine Mutter wartete wie auf mich, ein Duell auf Feldhaubitzen aus. Die Waldparzelle, in der er verborgen war, fing dabei Feuer und brannte bis auf einige kohlschwarze Stümpfe nieder. Einen halben Tag lang loderte die Riesenfackel anklagend zum Himmel.
Hoffentlich hat er sich retten können. Ich weiß es nicht.
Mirko Jelusich

Der Postillion

Lieblich war die Maiennacht,
Silberwölklein flogen,
Ob der holden Frühlingspracht
Freudig hingezogen.

Schlummernd lagen Wies' und Hain,
Jeder Pfad verlassen;
Niemand als der Mondenschein
Wachte auf der Straßen.

Leise nur das Lüftchen sprach,
Und es zog gelinder
Durch das stille Schlafgemach
All der Frühlingskinder.

Heimlich nur das Bächlein schlich,
Denn der Blüten Träume
Dufteten gar wonniglich
Durch die stillen Räume.

Rauher war mein Postillion,
Ließ die Geißel knallen,
Über Berg und Tal davon
frisch sein Horn erschallen.

Und von flinken Rossen vier
Scholl der Hufe Schlagen,
Die durchs blühende Revier
Trabten mit Behagen.

Wald und Flur im schnellen Zug
Kaum gegrüßt — gemieden;
Und vorbei wie Traumesflug,
Schwand der Dörfer Frieden.

Mitten in dem Maienglück
Lag ein Kirchhof innen,
Der den raschen Wanderblick
Hielt zu ernstem Sinnen.

Hingelehnt an Bergesrand
War die bleiche Mauer,
Und das Kreuzbild Gottes stand
Hoch, in stummer Trauer.

Schwager ritt auf seiner Bahn
Stiller jetzt und trüber;
Und die Rosse hielt er an,
Sah zum Kreuz hinüber:

„Halten muß hier Roß und Rad,
Mag's Euch nicht gefährden:
Drüben liegt mein Kamerad
In der kühlen Erden!"

„Ein gar herzlicher Gesell!
Herr, 's ist ewig schade!
Keiner blies das Horn so hell
Wie mein Kamerade!"

„Hier ich immer halten muß,
Dem dort unterm Rasen
Zum getreuen Brudergruß
Sein Leiblied zu blasen!"

Und dem Kirchhof sandt' er zu
Frohe Wanderklänge,
Daß es in die Grabesruh'
Seinem Bruder dränge.

Und des Hornes heller Ton
Klang vom Berge wider,
Ob der tote Postillion
Stimmt' in seine Lieder. –

Weiter ging's durch Feld und Hag
Mit verhängtem Zügel;
Lang' mir noch im Ohre lag
Jener Klang vom Hügel.

    Nikolaus Lenau

. . .

Dies ist mir alles wie ein Traum:
Der Primelweg, der Birkensaum
und der besonnte Hang.

Hier ging ich einmal schon, bevor
der Mensch das Paradies verlor —
Wie lange schon, wie lang.

Wie ist das alles wunderbar!
Ich bin uralt vieltausend Jahr
und tu den ersten Gang.

Und er führt mich an seiner Hand,
und alles ist mir so verwandt
und von Erinnerung drang:

Die Lerche selbst ist wieder da,
die vormals schon ihr Gloria
in meinen Frieden sang.

O Traum, aus dem ich einstens fiel,
hol mich zurück, zum Glück, zum Ziel —
Zu Gott. Mir ist hier bang. . .

Josef Weinheber

Die tragische und die magische Welt

Beschauliche Ruhe lag über den Mauern des Schlosses von Zdislawitz in Mähren. Von fernher hörte man das Treiben des Gesindes, das sich mühte, den hochsommerlichen Tag zu nützen. Einsam stelzte ein Pfau über den Wirtschaftshof und drehte ein Rad. Wohltuend das Plätschern des Springbrunnens und die Kühle, die trotz der Tageshitze in den Zimmern des Schlosses herrschte. Hinter dem dicken Gemäuer, überschattet von alten Kastanienbäumen, verklang der Lärm des Alltags, lösten sich Hitze und Betriebsamkeit in kühle und vornehme Zurückhaltung. Im kleinen Salon, einem der Prachträume des gräflichen Schlosses, ausgestattet mit blankpoliert rotbraunem Biedermeiermobiliar, hob Tiras langsam den Kopf und blickte zu seiner Herrin hin.

An den Wänden glitzerten von Elfenbeinminiaturen sensible und farbenfrohe Aristokratengesichter. Farbige Stiche zeigten die patriotischen Heldentaten der kaiserlich-königlichen Regimenter. In Glasvitrinen glänzten rubinrote Becher und zartgeschliffene, monogrammverzierte Pokale Meißner und Rosenthaler Pagen in blaurotem Gewand neigten sich artig vor dekolletierten, fächerschwingenden Nymphenburger Rokokodamen. Frostig klirrte das altwiener Geschirr, und brokat- und silberverzierte Beutelchen ruhten im Fonds neben Prachtmünzen, edelsteinverzierten Säbeln und prunkenden ziselierten Reiterpistolen. Über dem zierlichen und leichtfüßigen Sekretär mit den ungezählten Laden und Fächelchen hing ein Jugendbild Franz Josefs, blickten Ahnen der Dubsky, ob der kaiserlichen Nachbarschaft in feierlichem Ernst erschauernd, aus breiten Goldrahmen würdevoll herunter.

Vor dem Schreibtisch, einer Ansammlung von Tabatieren, Miniaturen, Briefbeschwerern, Kerzenhaltern, silbernen Stehrahmen und mit Bildern säbelschwingender Reiterfiguren verzierten Ovaldosen saß die Gräfin Marietta Dubsky. Ihre Tochter Marie-Theres, die 16jährige Schülerin eines Sacre Cœurs, legte das ledergebundene Büchlein zur Seite und hörte zu, wie ihre Mama zum wiederholten Male den Vettern Wenzel Kaunitz und Gottlieb Kolowrat vom letzten Besuch in der Kaiserstadt erzählte. Wie es dort immer fremder werde, wie sich immer mehr Elemente in Wien niederließen, die mit dem alten und gewohnten Bild der Stadt nichts zu tun hätten. Wie Liberale und Aufgeklärte, Sozialisten und Nationale, wie Polen und Tschechen und Ungarn und Deutsche, wie Kroaten und Slowaken, jeder für sich, jetzt Österreich anders zu sehen begannen und wie an Stelle des bisher Gemeinsamen immer mehr Sonderinteressen erwachten. Wie man gegen Adel und Geistlichkeit Front machte, wie man selbst Ordres der kaiserlichen Regierung offen zu bekämpfen und zu kritisieren wagte.

Nur noch eines bestünde gleich wie einst, wie früher: Grau gebeugt und ehrfurchtgebietend, wie ein ganz alter gütiger Vater, entrückt dem Streite gehässiger Meinungen und kleinlicher Alltagsdinge. Aus der Vergangenheit, Ruhm und Macht eines Regimes verkörpernd, das selbst immer mehr im Trubel dieser Zeit vereinsamte: Der Kaiser!

Hinter ihm und neben ihm aber die Armee. Dieses bunt schillernde moderne Rittertum ungezählter Traditionsregimenter, an Kragenfarbe und Aufschlägen in diesem Kreise wohl unterschieden. An barocke Vorbilder erinnernd, Regimenter, die über Raum und Zeit Einheit und kaiserliche Macht verkörperten, an deren blutiger Geschichte sich die Gefolgschaft eines Herrscherhauses zum kaiserlichen Kriegsadel im abendländischen Ringen bewährt und verblutet hatte. Ob in den Tagen, da der aus dem Aargau kommende Habsburger Rudolf die Macht des Reiches nach dem Südosten verlagert und die kaiserlose, schreckliche Zeit beendete, ob im blutigen Ringen der Türkenkriege, unter den Sturmfanfaren des Prinzen Eugen, unter Wallenstein, ob in den Erbfolgekriegen. Überall im Waffengeklirr, unter Laudon, Erzherzog Karl, Schwarzenberg, Radetzky, auf den Feldern von Kolin, von Aspern und Wagram. An der Militärgrenze im Osten, in der glühenden Hitze der Lombardei, vor Zenta oder Königgrätz, überall hatten diese, aus ungezählten Nationen zusammengewürfelten Regimenter

gefochten, geblutet, verloren und gesiegt. Nun lebten sie, als die Nachfahren jener, denen Kaiserhaus und Land das ewig scheinende Bindeglied gewesen, nun lebten sie als die einzigen und letzten Garanten des Staates, der nur noch so lange leben konnte, solange die Nationen einander achteten, wenn sie sich schon nicht mehr verstehen konnten. Kolowrats scharfgeschnittenes Gesicht bekam einen wehmütigen Ausdruck, während er den Zeigefinger unter den zweiten goldenen Knopf seines blauen Dragonerwaffenrocks schob: „Deshalb, Gräfin, gehört unser Herz noch mehr als bisher der Armee, denn sie ist unser Letztes. Wenn auch alles andere um uns fällt, bleibt sie: Denn sie ist Österreich! Solange diese herrlichen und stolzen Regimenter unser Reich schirmen, so lange ist keine Gefahr."
„Wer sollte es ernstlich wagen, gegen Österreich aufzustehen? Jeder Versuch müßte schon im Keime in sich zusammensinken. Zwei Schwadronen 6er Dragoner können Brünn gegen jeden Versuch, Ruhe und Ordnung zu stören, bewahren. Keine Sorge also. Es liegt noch etwas von der alten Kraft in uns und unserem Kaiserhaus, das niemals mehr als heute der weltliche Arm der kirchlichen Macht dieser Erde war."
Das Gespräch währte noch lange. Immer war von Kraft, von Stärke, von Reichtum und Macht die Rede. Man wurde sich darüber einig, daß alles in Ordnung sei. Man sah in all dem Filigranen und Hochgezüchteten dieser Welt Sendung und Gesetz und übersah all das Ungebändigte, einer formlos scheinenden Masse, das sich nach und nach überall zu formieren begann. Man übersah in einer Welt der Tragik und Selbsttäuschung, daß nur noch jeder vierte, fünfte oder zehnte Mann der Regimenter bereit war zu sterben, wenn der Hornist zum Sturme blasen sollte. Man erkannte die Tragik nicht, die darin lag, daß eine Welt sich bereits nach neuen Gesetzen zu drehen begonnen hatte. So verklang diese Stunde ebenso leise und unwirklich, wie sie begonnen hatte, als die unruhig tickende Uhr in ihrem Mahagonigehäuse zum Nachtmahl rief.
Im Fremdenflügel des Schlosses lagen die Zimmer, die der

Dresden, Frauenkirche

"dichtenden Dubsky" reserviert waren. Dies war die gräfliche Verwandte, über die man verschiedener Meinung sein konnte, was man auch offen zur Schau trug. Mußte eine Dubsky Geschichten schreiben? Noch dazu Geschichten, in denen es von solchem Volke wimmelte, das just in diesen Tagen allen herkömmlichen Geboten zum Trotze durch schreiende Demonstrationen in Prag zu opponieren suchte. Mit ihr war es nicht ganz einfach, keiner der Verwandtschaft wußte etwas rechtes mit ihr anzufangen.
Sie hatte ihre Mutter nie gekannt, denn diese starb wenige Wochen nach der Geburt des Kindes. Als sie sieben Jahre alt war, verlor sie ihre zweite Mutter, die ihr Vater, der in Wien so beliebte elegante Aristokrat, geheiratet hatte. Auch die dritte Gemahlin des Grafen starb kurze Zeit später. Als sie 18 Jahre alt war, heiratete sie ihren Vetter, den Baron Ebner-Eschenbach, einen vierschrötigen, seelensguten Menschen, der die zarte und stille Frau abgöttisch liebte. Der Ehe blieb jeder Kindersegen versagt. In diesen beiden Tatsachen, dem dreimaligen Tod von Menschen, die ihr das Höchste auf dieser Welt sein sollten, und dem, für das mütterliche Wesen dieser Frau geradezu unerträgliche Schicksal der Kinderlosigkeit, lag die tiefste Deutung ihres Wesens. Es mag ein großes Glück für sie gewesen sein, daß ihr Mann ein Kavalier der alten Schule war. So förderte er ihre schriftstellerische Tätigkeit und wußte sie vor allen Verwandten und Bekannten zu behüten, die höchst schockiert darüber taten, daß eine der ihren sich dieser Schreibertätigkeit hingab.
In Wien, wo sich damals alles viel behutsamer und sanfter abspielte als anderswo, wo trotz aller Anzeichen einer nervösen Welt noch immer ein Schimmer vergangener Zeiten auf dem Agieren der Menschen lag, lebte sie viele Monate im Jahr, wenn sie die Zeit nicht hier auf dem mährischen Gute zubrachte. Dort, zwischen den barocken Vasen, den Altanen der kaiserlichen Paläste, den strengen Zeilen der Bürgerhäuser, der jubelnden Vielfalt der adeligen Villen und Schlösser, zu Füßen einer immer einsamer werdenden Kaiserburg, reiften jene Gedanken aus, die sie in der einsamen Stille des mährischen Landgutes in sauber gefaßten Schrift-

zügen zu bannen und zu formen vermochte. Jetzt stand sie mit einer Hand auf den Tisch gestützt, auf dem ein Stoß Papier lag. Auf dem obersten Blatte hatte sie soeben mit geschnörkelten Zierbuchstaben säuberlich die Worte „Das Gemeindekind" geschrieben.

„Hab ich dich erschreckt?" forschte begütigend der Baron.

„Nein, mein Lieber, ich bin froh, daß du kommst. Ich hab jetzt ein Manuskript beendet, von dem ich hoffe, daß es allen, die immer wegen meiner Schriftstellerei so indigniert tun, mehr sagen wird als alle Romane, die sie lesen, nur weil es zum guten Ton gehört, sie gelesen zu haben."

Baron Ebner nahm Platz und legte etwas vor sich hin. Ein großes und reines Stück Bergkristall, makellos und durchsichtig, in dem die Sonnenstrahlen tausendfältig glitzerten und ihre Lichtreflexe zu werfen begannen.

„Als ich heute die unterste Lade in dem einen großen Spiegelschrank durchstöberte, fand ich diesen herrlichen Stein, an den ich schon jahrelang nicht mehr gedacht habe. Gestatte!" – Eine etwas linkische, aber gut gemeinte und altväterliche Verbeugung – „statt Blumen anläßlich der Geburt des neuen Kindes deiner Muße!"

„Du weißt wahrscheinlich nicht, daß er früher in unserer Familie eine große Rolle gespielt hat. Nimm ihn in die Hand! Er ist kristallos und im Sommer kalt wie ein Stück Eis und wohlig warm im Winter. In ihm sollen tiefe, verborgene Kräfte ruhen."

Sie nahm den kühlen und leuchtenden Stein in die Hand! Es war, als entströmten ihm ferne und geheimnisvolle Kräfte, als verglitt in ihm alle Unruhe der ihn nervös umklammernden Finger.

„In der Zeit, da Starhemberg mit den Seinen in Wien den Polenkönig erwartete, um dann der Türken Herr zu werden, fand mein Ahnherr im Zeltlager während einer Pause des blutigen Ringens diesen Stein. Mitten zwischen zerschellten Waffen und umgestürztem Kriegsgerät. Er hob ihn auf, als er den Kopf wieder hob, lag sein Cornett, der unmittelbar hinter ihm gestanden war, mit zertrümmertem Schädel im Grase.

Ein Ebner trug ihn bei sich, als die bartlosen Dragoner bei Kolin die Schwadronen Friedrichs vertrieben. Sein Waffenrock war von einem preußischen Säbel handbreit über dem Herzen aufgerissen, der Säbel aber zerschellte, da der Stein, den der Reiter auf dem Herzen trug, den Hieb wirkungslos gemacht.
Ein Ebner führte ihn bei sich, als das österreichische Corps von Napoleons Garden bei Austerlitz aufgerieben wurde. Er war einer der ganz wenigen Unverletzten der österreichischen Reiter dieser ganzen Bataille. Als sie ihn bewußtlos unter seinem Schimmel hervorzogen, fühlten sie etwas Hartes unter seinem Waffenrock: den Bergkristall.
Eine Ebner, ihr Bild hängt in der Bibliothek, hat als eine der ganz wenigen Menschen des Ortes die Cholera gesund überstanden. Fragte man sie, wie dies gekommen sei, da sie sich nicht schonte und immer wieder Krankenbesuche unternahm und Sterbende tröstete, verwies sie auf ihren gelben Stein und liebkoste ihn.
In unserer Familienchronik gibt es mehr als 20 solcher Fälle, die alle zusammengenommen unmöglich Zufälle sein können, Vorkommnisse geheimnisvoller und wunderbarer Art, in deren Mittelpunkt immer dieser gelbe Stein liegt. Ich habe das Gefühl, daß in ihm geheimnisvolle Kräfte ruhen, die man so richtig spürt, wenn man ihn in die Hand nimmt. Sie sind unerforschliche Strahlen, die von langen Geschlechterfolgen, von Not und Gefahren sprechen und uns lehren auf Gesetze Bedacht zu nehmen, die uns ein Mysterium sind."
Maria Ebner-Eschenbach strich noch einmal behutsam über ihn, bevor sie ihn aus der Hand legte, blickte hindurch und sah, wie alle Konturen im Raume milde verschwammen, wie alles zu Traum zu werden schien, und von unsagbar ruhigem und milden Lichte erfüllt war.
Wie ein atmender Strom floß es durch sie.
Wie ein Grüßen in ewigem Vorbeigleiten.
In diesem Momente erkannte die Dichterin, daß dieser kühlende Strom von jener Welt herkam, die voll von Rätseln und Geheimnissen ist und die wir die Magische nennen.
Eine Welt, die im fühlbaren Widerspruch zu der anderen

stand: der tragischen Welt, in der die Konturen immer schärfer, das Licht immer greller und die Menschen immer ruheloser geworden.

Fortan lebte das Wissen um diese magische Welt im dichterischen Werke einer Frau, deren sanfte Güte noch im letzten Atemzug ein Versuch war, beide zu verbinden.

Reinhard Pozorny

Die Hoffende

In Deiner frohen Demut
Trägst Du die Ewigkeit
und wo Dein Auge leuchtet
Da ist die Welt geweiht

In Dir beginnt ein Leben
Du hast es Dir erliebt
Wie in geheimem Bunde
Dient Dir das All und gibt

Vom Himmel Deiner Augen
lacht uns die Zukunft an
Und angeweht vom Wunder
Fühlt alles Deinen Bann

Du weißt um Tod und Schmerzen
und dennoch sagst Du Ja
Und hoffst in froher Demut,
Stehst wie ein Frühling da

Gerhard Eschenhagen

Erinnerungen an eine Elbfahrt

Vor vielen, vielen Jahren bin ich im Sachsenland
mit dem Schiffe gefahren vorbei am Elbestrand.
Da fallen Felsen steilab zum Ufer,
da winken Wandrer, frohe Rufer.
    Mir ist, als ob es gestern wär'
    lange jedoch ist es her.

Schmucke Dörfer und Städte, Felder und grüne Au'n
geben in bunter Kette dem Auge reichlich zu schau'n.
Burgruinen auf den Höhen,
an deren Hängen Wälder stehen.
    Mir ist, als ob es gestern wär',
    lange jedoch ist es her.

Wenn der Abend sich neiget im roten Dämmerschein
treffen wir allmählich im schönen Dresden ein.
Türme und Dächer wir erblicken
und die Lichter auf den Brücken.
    Mir ist, als ob es gestern wär',
    lange jedoch ist es her.

                                        Albert Ochmann

Der Einen

Ich hab' immer nur an Dich gedacht
bei Tag und Nacht,
daß von allen nur Dich ich mag
bei Nacht und Tag.
Bei allem, was ich schaffe und tu,
als sähst Du mir zu,
in Wolken, Blumen und Himmelsblau
ich Dein Antlitz nur schau,
in allem, was ruft, schallt und singt,
mir Dein Name nur klingt,
und mein Herz jeden Schlag Dir pocht zu
ohne Rast, immerzu, ohne Ruh'.

A. W. Böhm

Das Raunen der Runen

Runen raunen
heilsame Ruhe
Urahnen Urquell
aus nordischem Raum.

Runen raunen
Weisheit und Stärke
zu stehen im Kampfe
des Lebens gerad.

Runen raunen
Weihe und Würde,
Lebenserneuerung
am heiligen Quell.

Georg Herrmann

Auf ein altes Stadtbild

Du gleichst, umengt von Graben, Wall und Mauer,
dem Kind in strengen Elternhauses Pflicht.
Vor deinen Toren pflügt und sät der Bauer,
du aber schließt das Tor und siehst es nicht.

In Tiefen deiner Gasse lastet grauer
Urnebel, ihn besiegt kein Sonnenlicht,
die Macht der Mondnacht nur weckt aus dem Schauer
grausiger Sagen dumpfes Alpgesicht.

Doch wie ein süßer Sang aus dunklem Zwinger,
der blinden Vogels Kehle frei entsteigt,
rührt alle hundert Jahre Gottes Finger

ein reines Herz, dem er den Himmel zeigt.
Dann singt aus Gruft und Grau ein Meistersinger
so sehnsuchtsvoll, daß Deutschland lauscht und schweigt.

Robert Hohlbaum

1. Freitag	
2. Samstag	
3. Sonntag	
4. Montag	
5. Dienstag	
6. Mittwoch	
7. Donnerstag	
8. Freitag	
9. Samstag	
10. Pfingsten	
11. Pfingstmontag	
12. Dienstag	
13. Mittwoch	
14. Donnerstag	
15. Freitag	
16. Samstag	
17. Tg. d. dt. Einh.	
18. Montag	
19. Dienstag	
20. Mittwoch	
21. Fronleichnam	
22. Freitag	
23. Samstag	
24. Sonntag	
25. Montag	
26. Dienstag	
27. Mittwoch	
28. Donnerstag	
29. Freitag	
30. Samstag	

Von Arbeit stirbt kein Mensch. Aber vom Ledig- und Müßiggehen kommen die Leute um Leib und Leben, denn der Mensch ist zur Arbeit geboren wie der Vogel zum Fliegen.

Martin Luther

Volkheit ist zuletzt stärker als der noch so törichte und aufdringliche Wille, sie zu übersehen. Denn die Völker, so sagt es Herder, sind Gedanken Gottes.
Deshalb setzen wir doch alles daran, ein Volk zu sein.

Herbert Böhme

Die heutigen Menschen glauben, daß man die Arbeit so einrichten müsse, daß sie möglichst viel Ertrag abwerfe.
... Das ist ein falscher Glaube, man muß die Arbeit so einrichten, daß sie die Menschen beglückt.

Paul Ernst

Feste feiern, Lieder singen,
Reden halten, Gläser klingen,
Spielen, sporten und flanieren,
Tanzen, flirten und scharmieren —
Ist mit solchen guten, netten
Dingen unser Volk zu retten?

Arbeit, Arbeit ohne Ruh',
Taschen auf und Fäuste zu!
Trotzig dem Geschicke stehn,
Oder — feig zugrunde gehn!

       Peter Rosegger

Junitag

Ein Duft von Heu und blühendem Holunder
legt sich, ein Sommertraum, auf Stirn und Brust
und birgt des Lebens tiefgeheime Wunder
und birgt der Liebe tiefgeheime Lust.

Die Amsel flötet ihre trunknen Lieder,
der Buntspecht füttert seine junge Brut.
Am Zaune blühn die roten Rosen wieder,
und nachts erglüht das alte wilde Blut,

indes vom Tal herauf ein Hauch der feuchten,
der hellen, frischgemähten Wiesen steigt
und fern am Himmelsrand ein Wetterleuchten
das Drohen dunklen Donners noch verschweigt.

Ursel Peter

Blumenstrauß auf dem Konferenztisch

Als die Konferenz auf einem toten Punkt angelangt ist, stellt die Sekretärin den gelben Blumenstrauß auf den Tisch. Sie tut es mit einer unbeteiligten Miene, mit dem leisen Lächeln, das sie stets zur Verfügung hat, ob sie Kaffeetassen verteilt oder einen geleerten Aschenbecher auswechselt. Einen Augenblick jedoch bleibt sie jetzt an der Kante zwischen den beiden Herren an der unteren Tischhälfte stehen, betrachtet prüfend mit schief geneigtem Kopf den Strauß. Dann greift sie noch einmal wie zögernd zu und ordnet die zierlichen Blüten in der grünen Vase mit ein paar Griffen, als gelte es, eine in Unordnung geratene Frisur wieder in Ordnung zu bringen.

Die Blicke der versammelten Herren bleiben an den Blumen hängen, als die Sekretärin zurücktritt und lautlos durch die gepolsterte Türe hinausgeht. Einen Augenblick tritt Stille ein, und man hört, wie der Vertreter Müller mit seinem Bleistift in gleichmäßigem Takt auf seine Unterlage klopft. Drüben am Fenster fliegt eine Biene mit tiefem Summton gegen eine Scheibe, die den Heimweg versperrt.

„Also, wo waren wir stehengeblieben?" unterbricht der Direktor die eingetretene Stille. Aber seine Stimme ist nicht mehr so schroff wie vorher. Dennoch herrscht Spannung im Raum, denn der Direktor ist unzufrieden. Dicke Luft, die die Stimme jetzt erneut zerteilt: „Dr. Asmussen, bitte, berichten sie doch noch einmal über Ihre Erfahrungen!" Ein Aufatmen geht durch die Versammlung. Der Direktor spürt es und lehnt sich zurück. Sie haben alle Angst, denkt er und bleibt mit einem halben Blick über die schweigend sitzenden Untergebenen an dem kleinen, gelben Strauß hängen, der in Reichweite vor ihm steht.

Ach ja, es war Frühling, wieder einmal. Er hatte es im Eifer der Geschäfte gar nicht bemerkt. Blumen, wie lange hatte er selber keine mehr gepflückt? Ihn überkommt plötzlich ein unerklärbares Verlangen, die Hand auszustrecken und nach den Blumen zu greifen und den leise herüberwehenden Duft einzuatmen. Aber dann läßt er seinen Arm doch liegen, räuspert sich nur verlegen, als ob er sich ertappt fühlte bei verbotenem Tun. Der Müller von drüben hat eben hergeblickt, und es sieht aus, als lächle er.

Der Direktor denkt an sein Prestige, das er durch den kleinen Blumenstrauß in Gefahr fühlt, und er reckt sich respektheischend empor. Sein Ohr vernimmt die Stimme Dr. Asmussens, die leise und monoton mit dem Summen der Biene konkurriert, aber des Direktors Gedanken schweifen bereits weiter ab. Über eine Wiese, auf der die gleichen Blumen stehen, sieht er einen kleinen Jungen hüpfen; mit jubelnden Schreien sammelt er einen Strauß und läuft hinter einem Schmetterling her; doch der entwischt ihm immer wieder, wie der Sonnenstrahl, der jetzt vom Fenster her über den kleinen Blumenstrauß huscht. Er zaubert ein Lächeln auf das

Gesicht des Direktors. Eine lange verschüttete Quelle ist aufgebrochen.
Als der Direktor sich dann erhebt und nickend vor seinen Mitarbeitern aus dem Zimmer schreiten will, verharrt er noch einen Augenblick, geht dann an den Tisch zurück, ergreift den kleinen Strauß und tut versonnen einen tiefen Atemzug. Dann stellt er die Vase behutsam wieder auf den Tisch zurück und verläßt den Konferenzraum. Die Herren stehen schweigend und sehen zu.
Nun Herr Müller lächelt fein vor sich hin, ehe er an das Fenster tritt und der eingeschlossenen Biene den Weg ins Freie öffnet. „Na ja", murmelt er leise vor sich hin, „wußt ich's doch immer: alles Tünche mit dem harten Herzen!"

Helmut Diterich

Freundlicher Tag

Zauberst mir wieder,
freundlicher Tag,
das blütenleise Lied
in meine stille Laube.
Schwebt über Wiesen
duftige Anmut –
lächelnder Grazien
schwungvoller Reigen,
klingt mir des Frühlings
Wunderhorn tiefer ins Ohr.
Im Lauschen beglückt,
rundum zur lieblichen
Schönheit geneigt,
spannst du den mächtigen
Bogen himmlischer Bläue.

Elisabeth Sophie Reiprich

Wir Männer aber ...

Ich aber trotte tags auf lehm'gen Bretterstegen,
nachts lieg' ich schlaflos unter dem Barackendach,
zu unsern Häupten trommelt unabläss'ger Regen,
die Kameraden klopfen Skat.

Und wüster Krach.
Wie bring' ich nur mein Grübeln unter Dach und Fach?
Ich fühle, wie sich böse Kräfte regen.
Wir sind Gefangene, wir sind schwach.
Und keine Hand schickt uns ein Bröckchen Segen.

Aus tiefen Träumen aber schau ich dich,
seh' deine Hände unsre Kleinen tränken,
sie kleiden, speisen, lieb beschenken,
wie sie dich hätscheln, weinst du gar um mich ...
Da schick' ich Segenskräfte aus, bis sie sich deinen,
die du mir sendest, über Sternen einen.

Hans Venatier

Du aber

Es kommen Blüten und vergehen wieder, Staub zu kiesen,
Du aber blühst nicht aus.
Der Abend legt sich stumm auf alle Wiesen,
Du aber hebst den Morgen in dein Haus.

Die Vögel nahn und baun und ziehn gen Süden wieder,
Nur du entfliehst mir nicht.
In dunkler Nacht gehn unter alle Lieder,
Du aber bist der Tag und lauter Licht.

Es heben viele Rätsel sich aus Grüften und aus Beeten,
Doch du bist ewig wahr.
Es lasten Winter über allen Nöten,
Du aber trägst den Sommer hoch im Haar.

Und viele Lichter steigen auf und gehen wieder unter,
Nur deins ist ewig groß.
Herbsttage nahn und werden immer bunter,
Du aber bist der Frühling und der Schoß.

Ernst Behrends

Müller & Co.

Neun Jahre war ich damals. Und mein Vater hatte ein Speditionsgeschäft in der Bayerstraße, Müller & Co. hieß es und war nach meiner Meinung das erste Speditionsgeschäft der Welt. Welcher Junge hätte seines Vaters Handel nicht geradeso betrachtet? Aber dieses Jungen Kameraden sind ebenso natürlich die geborenen Zweifler. „Was", sagten sie, „was? das größte Spedititongeschäft der Welt? Daß i net lach – schon in der nächsten Straße kennt's kein Mensch mehr."
Jetzt galt es meines Vaters Ehr und die meine. Eine Ehre wiederherzustellen, dazu sind die Wetten da: „wolln wir wett'n", sagte ich, „wenn wir in der nächsten Straße irgendeinen Menschen nach der Firma meines Vaters fragen – woll'n wir wett'n, daß er auf der Stell' uns sagen kann, wer sie ist und wo sie ist – woll'n wir wett'n, ha?" „Jesses, da mußt d'glatt verlieren, mei Liaba –"
Also gut, zu fünft bogen wir die Heustraße hinein. Ein dikker Mann kam uns entgegen. „Sie, erlaub'n S", sagte ich, „wo ist denn da Müller und Kompagnie, das große Speditionsgeschäft von Müller und Kompagnie?" „Müller und Kompagnie?" sagte der Dicke freundlich, „ja mei, Kinder, da geht's grad um die Ecken rum dort, nacha sechts es scho."
Und dann ging er weiter, der Dicke.
Ich aber stand vor meinen Kameraden triumphierend als ein König. „Sechts es jetzt, ös Schneider übereinand –?" sagte ich. „Des gilt net, des war zu nah. Noch eine Straße weiter – wenn's da auch so bekannt ist, nacha stimmts", sagten die „Verspielten". Und dann gingen wir in die Landwehrstraße. Ein dünner Mann kam uns entgegen, ein himmellanger. „Sie, erlaub'n S, wo ist denn da Müller und Kompagnie, wissens, das große Speditionsgeschäft Müller und Kompagnie?" „Müller und Kompagnie?" sagte der, „wart einmal, Müller und Kompagnie –?" Plötzlich sah er scharf in mein Gesicht.
„– Müller und Kompagnie, sagst d', willst d'wissen", und haut mir eine runter, „Du g'hörst ja selber dazu, du Lausbua, du dreckerter!"

Fritz Müller-Partenkirchen

Herz voll Wind

Aus der großen Hafenstadt bin ich gekommen, ich, Harm Holten, ein junger Student, der den Lärm und Trubel von sich abgeworfen hat, um in dem Land zu arbeiten, in dem er nun heimisch geworden ist. Aber er wird nicht immer bleiben. In ein paar Wochen schon wird alles das, was ihn jetzt so ganz erfüllt, nur noch Erinnerung sein.
In dem Siedlerhaus, das Irmas Vater mit seinen Leuten bewohnt, gehe ich ein und aus wie einer der ihren. Und doch habe ich mir nicht einmal Rechenschaft über mein Verhalten abgelegt. Ich glaube, Irma hat das auch nicht getan. Wie sollten wir auch über etwas nachdenken, das mit dem Frühling gekommen ist und – ich wage nicht weiter zu denken. Plötzlich ist eine Unsicherheit in mir, eine Leere, die ich nie gekannt habe. In der großen Stadt denkt man nicht viel über diese Dinge nach. Dort hastet die Zeit vorüber, und ihre Söhne greifen nach ihren bunten Bällen, die sie lächelnd umherwirft.
Es ist wieder ein Sonntag. Die ersten Sonnenstrahlen finden uns unterwegs, Irma und mich. Wir wandern in die Frühe hinein. Das Mädchen neben mir ist heute gesprächig. Ich kenne das gar nicht an ihr. Ich dagegen bin sehr schweigsam. Nur manchmal kommt es über mich wie der Sturm. Plötzlich ist es da, würgt, stürmt und muß sich Luft machen. Dann kann ich sprechen von tausend Dingen, die groß und schön, aber auch ernst und schwer sind. Die Worte strömen mir zu wie die Wolken dem Sturm, der sie durch die Lüfte treibt. Und es ist das gleiche wie mit dem Sturm. Plötzlich ist er auf und davon! Ich schweige wieder lange, wie wir alle es tun dort unten an der See.
Wir sind eine Weile nebeneinander hergegangen, stark mit unserem Ich beschäftigt. Irmas Gesicht ist schmal geworden, streng, die Augen brennen, blicken unbestimmt in die Ferne hinein. Ach, ich hatte es mir so lustig gedacht, die langen Werktage hindurch. Schade, daß wir so ernst sein müssen heute morgen. Aber es ist in uns eine große Not, eine schwere Enge, aber auch eine stürmende Weite. Glasklar

steht der Himmel über uns, an dem die Sonne nun bald im Mittag sein wird. Um uns aber liegt die Heimat des Mädchens Irma, das Land, das in ihr ist und um sie und das mit ihr sein wird, solange sie lebt. Ich weiß es.
Wir wandern jetzt durch die großen Schilfmoore und Sümpfe, die sich fast endlos durch die Landschaft ziehen. Hier ist es so still, daß man über den eigenen Schritt schrickt, wenn das Wasser unter dem Fuße gluckst, wenn er in eine besonders weiche Stelle tritt. Der Zauber des Moores liegt über diesem Land. Es offenbart uns seine ganze Unberührtheit. Einmal stehen wir an einem kleinen See, in dessen Wasser man sich spiegeln kann. Wir sehen bis auf den tiefen Grund. Dann nehmen uns die Moorgeister bei der Hand. Sagenumwobene Gestalten aus der Vorzeit stehen auf und schreiten uns voran. Irma weiß von ihnen zu erzählen.
Plötzlich erwächst die Grenze vor uns. Wie ein drohendes Gespenst tritt sie aus dem Land heraus und hemmt den Schritt. Wir gehen an ihr entlang und können nichts anderes denken als immer nur das eine Wort, das wie eine dunkle Wolke mit uns schreitet, das uns hemmt und drängt, das wir suchen und vor dem wir auch immer wieder fliehen: Grenze! Und ich glaube, heute ist ein ganz besonderer Tag, weil ein Mensch das Ich und Du einer Welt sucht und ihm einmal in einem hellen Augenblick, in dem sich selbst die Wolken auftun, Einblick wird in das Ich und Du seines Volkes.
Irma stürmt mir auf dem Weg voran. Kaum kann ich folgen. Dann bleibt sie plötzlich stehen. Ihr Gesicht glüht, aber die Augen sind ganz nach innen gerichtet. Ihre Lippen bewegen sich leicht, doch sie spricht nicht. Eine Strähne ihres Haares hängt ihr in das blühende Gesicht. Sie achtet nicht darauf, denkt wohl auch nicht daran, daß ich bei ihr bin. Irma ist eingegangen in die Andacht der Grenze. Sie betet mit dem Wind, der über das Land braust, mit den Gräsern, die sich ihr zuwenden, mit den krüppeligen Büschen, die im Takt dieses Windes rauschen.
Wir setzen uns irgendwo hin. Irma deutet auf einen unscheinbaren Stein, auf dem unleserliche Daten und ein völlig verwaschener Name steht. Es ist ein Grab, frische Blu-

men schmücken es. Ich folge der ausgestreckten Hand des Mädchens und lausche dem warmen dunklen Klang seiner Stimme, die wohltuend durch die Stille geht wie ein Sonnenstrahl im werdenden Frühling. Irma erzählt mir die Geschichte des kleinen Siedlerjungen, der am Ende des großen Krieges hier fiel, als die letzten Wellen des großen Völkerringens bis in das kleine Dorf hineinschlugen. Dort, wo er fiel, hat man später diese Grenze gezogen. Ganz streng sind die Züge dieses Mädchens geworden, wie gemeißelt aus Erz, als es mir diese Geschichte erzählt. Ihre Stimme kommt von irgendwoher aus einem großen Schweigen. Sie klingt in der Einsamkeit, die wie ein gewaltiger unerbauter Dom ist, sonderbar schön. Als sie endet, nehme ich ihre Hand und sage: „Irma, das Land hat euch das angetan, daß ihr so sein müßt, wie ihr seid. Manchmal ist es mir gewesen, als lauschte ich einer Sage aus fernen Tagen. Du aber sitzt mit am Urstrom, horchst auf das Rauschen der ewigen Quellen und wirst eins mit ihnen". Das Mädchen hat den Kopf gesenkt. Da fahre ich fort: „Ich bin anders. Ich bin ein Kind des Sturms und der Unrast, der Hast, die durch die Straßen der großen Seestadt peitscht. Ich habe das Herz voll Wind und Unruhe." Mir ist leicht nach diesen Worten und schwer zugleich. Ich habe viel damit gesagt und weiß es. Ein Traum, der in mir blühte, so schön, wie nur ein Traum sein kann, ist zerstört, wie eine Seifenblase zerplatzt im leisen Wind. Ich glaube, auch das Mädchen neben mir weiß es.

Wir schreiten Hand in Hand durch das abendliche Moor heimwärts. Wir eilen uns dabei nicht. Der Abend ist so schön. Er ist die Krönung dieses Tages. Der Mond steht silbern über dem Land, und die Sterne brennen vom Himmel herab in kühler Klarheit. Es ist ein Feuer in ihnen, das aus Zeiten kommt und aus Räumen, die wir mit unseren kleinen Sinnen nicht fassen können.

Wir blicken uns an, ehe wir das Moor verlassen. Und wir blicken hinein in einen wundersamen hellen Stern. Das mutet uns beinahe schicksalhaft an. Und wir sind in der Stimmung, an die Wünsche zu glauben, von denen dieses schöne Land so voll ist. Hans Bahrs

Nicht auszuschöpfen

Soviel der Schätze auch gegraben
man aus der Erde Schacht,
sovielmal soviel Schätze liegen
verborgen noch in Nacht.
Und mag scharfäugig gierend suchen
des Zufalls blindes Spiel,
in tausend langen Jahren heben
der Schätze noch soviel –
sie ist zu reich, als daß man könnte
die Erde schöpfen aus.

Soviel dir auch aus deiner Seele
an Werken quoll empor,
sovielmal soviel lockt das Leben
an Werken noch hervor.
Und mögen dir auch stolz gelingen
der Werke noch soviel –
du bist zu reich, als daß dich könnte
ein Leben schöpfen aus.

       Alfred Csallner

Besuch bei Hermann, dem Cherusker, 1944

Noch heute dämmert in mir die Erinnerung an jene Schulstunde vor weit über 50 Jahren auf, da uns von der weltgeschichtlichen Schlacht anno neun und von Hermann, dem Cherusker, berichtet wurde, den die Römer Arminius nannten. In dieser großen Weltenstunde war den bis dahin im Norden und Nordosten vordringenden Römern das widerfahren, was später Napoleons Soldaten vor Moskau und die deutsche Nation vor Stalingrad erfuhren. Der große Wendepunkt war da, eine Weltmacht hatte ihren Kulminationspunkt überschritten. Damals stand das Imperium Romanum im Zenit seiner Größe, von da ab ging es mit ihm abwärts. Erst als geistige, immer mehr christlich werdende Macht konnte Rom später wieder nach Norden vordringen und den Limes an Donau und Rhein überwinden, wobei das taciteische Germanien sich erst sehr allmählich zu Deutschland entwickelte und sich die Schwerpunktkräfte des Abendlandes nach Norden verlagerten.
Ein katholischer Schulbruder hatte mir in der fünften Volksschulklasse von Armin Kenntnis gegeben und beklagt, daß schon damals die Zwietracht der „alten Deutschen" eine Ausmünzung dieses Schlachtenerfolges versagt habe. Seine Sympathien standen völlig auf Seiten der Germanen, was schon zehn Jahre später bei der damaligen politischen Situation in Österreich nicht mehr selbstverständlich gewesen wäre. Sein Germanenbild war entsprechend der zwar ein wenig unrichtigen, aber romantischen Auffassung des vorigen Jahrhunderts noch ganz auf „blaue Augen, rote Haare" eingestellt. Da ich beides besaß, verwies er auf mich und machte mich recht stolz. Erst viel später erkannte ich die bis auf unsere Erbentage gültigen Schwächen der Germanen. Für meine Entwicklung bot das Lehrerlob den Vorteil, meinem ganzen hochempfänglichen Denken in Wahrheitsliebe, Treue, Tapferkeit und Wanderlust wichtige Antriebe zu verleihen.
So war Hermann der Cherusker für lange Jahre meine heldische Hochgestalt, und ich ersehnte nichts inniger, als einmal

durch den von Wien so weit entfernten Teutoburger Wald zu wandern und das gewaltige Hermannsdenkmal Ernst von Bandels sehen zu dürfen.

Erst im Alter von fast achtundzwanzig Jahren sollte ich die Erfüllung dieses Wunsches erleben und damit einige für mich sehr bedeutungsvolle Einkehrstunden finden. In den ersten Maitagen des Jahres 1944 war ich nämlich aus meinem Genesungsurlaub vorzeitig abberufen und zu einer Neuaufstellung ins westfälische Gütersloh versetzt worden. Da von der neuen Truppe vorerst nur das Rahmenpersonal vorhanden war, erwies sich die Abberufung als eine jener schwer verständlichen Führungsmaßnahmen, die man als Soldat eben hinnahm. Wir hatten viel freie Zeit, und so kam es, daß mein Blick nachdenklich auf der Landkarte verweilte, was man noch vor dem nächsten Fronteinsatz von der größeren deutschen Heimat kennenlernen könnte: Detmold und das Hermannsdenkmal waren gar nicht so weit entfernt.

Das Wochenende sollte gerade auf meinen ersten Hochzeitstag fallen, und ich redete mit dem Stabsschreiber, der mich seit längerem kannte, ein gutes Wort. Leider zerriß der Kommandeur den Urlaubsschein, weil Detmold außerhalb der für Kurzurlaube in Betracht kommenden 50-km-Zone lag. Er tat es und fuhr selbst 300 km weit nach Hause. Dieses Kind der Freude aber trug den Namen „Dienstreise". Der Adjutant, der nicht nur sein, sondern von Smolensk und vom Mius her auch mein Freud war, hatte ein Einsehen und gab mir ebenfalls einen Dienstreiseausweis, der mich zur Fahrt nach Detmold und (pro forma) zum Besuch einer dortigen Einheit verpflichtete. Ein anderer Offizierskamerad besorgte mir durch Fernruf ein Zimmer.

Tags darauf fuhr ich um die Mittagszeit über Bielefeld an mein Ziel. Es gab gleich hinter Herford Fliegeralarm. Zahlreiche Maschinen der Engländer strebten hoch über uns ihrem Vernichtungsziel zu, von dem wir abends erfuhren, daß es das sudetendeutsche Hydrierwerk Brüx war, in dessen Nähe ich liebe Verwandte besaß. In Detmold wurde entwarnt. So bezog ich mein Zimmer im „Lippischen Hof", aß eine Kleinigkeit und war zu neuem Erleben bereit. Ich war in

guter Felduniform, doch hatte ich Mannschaftsreitstiefel an, um besser wandern zu können.
Für den morgigen Sonntag beabsichtigte ich, obwohl ich keinerlei Ausflugsproviant besaß, ein gutes Stück in die Herrlichkeit des Teutoburger Waldes hineinzuwandern und die Externsteine zu besuchen. Heute aber wollte ich das Hermannsdenkmal aus der Nähe sehen und dort oben den Wald durch das arme geprüfte Deutschland raunen hören und versuchen, mich für die Zukunft seelisch zu wappnen. Außerdem verlangte es mich, meiner jungen Frau in Gedanken nahe zu sein, die mir eben geschrieben hatte, unser Wunsch nach einem Kindlein werde mit Gottes Hilfe in Erfüllung gehen. Diese Hoffnung tröstete mich ein wenig über den Soldatentod meines jüngsten Bruders im Osten, von dem wir erst kürzlich erfahren hatten und um dessentwillen ich auch noch einen Trauerflor am Ärmel trug, obwohl dies an Soldaten nicht gerne gesehen wurde.
Kurz verschnaufend stand ich vor einer schönen Gaststätte unterhalb des Denkmals, die nur wenige Wanderer, meist ältere Paare, kriegskärglich zu bewirten hatte. „Deutscher Wanderweg" besagte eine Tafel, die im übrigen darauf hinwies, daß man von hier nur immer weiterzugehen brauchte und über die anderen Mittelgebirgszüge hinweg bis zum Schwarzwald käme. O altes Wandervogelherz! Welche Welt öffnete und schloß sich da gleichzeitig wieder! Wir Jungen wanderten im Gedanken an Walter Flex und seinen Leutnant Wurche nur mehr zwischen den beiden Welten Leben und Tod. An den Straßen unseres Marschierens häuften sich Ruinen und reihten sich Grabkreuze nun schon zu Millionen aneinander. Tröstlich war nur die Hoffnung auf spätere Jahre und auf ein neues Geschlecht, an dem ich nun auch teilhaben sollte, das wieder wandern und Ideale mit sich zur Tat tragen würde, deren Erfüllungen freilich leider immer so kurz wie die Hosen der Wanderer sein würden.
So stand ich auf der Höhe des Turmes und sprach mit dem alten Wächter, dem seine Tätigkeit den Blick in die Welt und über die Zeiten geweitet zu haben schien. Lynkeus, der Türmer! Eine gute halbe Stunde schaute ich nachdenklich nieder

über die sonnenüberstrahlten Hügel und Wälder im Umkreis und freute mich an dem Schweigen inmitten des Rauschens in der Natur.
Vorerst wurde ich nicht beruhigt, sondern es brach Bitterkeit in mir auf, warum dieses mein Volk, das so schöne Landschaften und so strebsame Menschen besaß, das so große Geister und Taten sein eigen nannte, als das Volk der europäischen Mitte immer in so tragische Geschehnisse verwickelt sein und das Blut seiner Besten hingeben mußte. Denn es waren wirklich die Besten, und nach fast fünf Jahren Krieg konnte ich mich als Soldat und Mensch den Anzeichen beginnenden Verfalls der Zucht und der Kampfmoral nicht verschließen. Auch an die Möglichkeit meines Soldatentodes in der vermutlich letzten Auseinandersetzung dachte ich, obwohl noch lange Wochen des Übungsplatzfriedens bevorzustehen schienen. Wohl schmerzte mich der Gedanke, meine Ziele damit unerfüllt zurückzulassen, doch ging es mir wirklich mehr um meine Lieben. Im Geschehen der Front war ich bisher immer ziemlich ruhig und schicksalsergeben gewesen, wenn die ersten bösen Minuten vorbei waren.
Als ich wieder unten stand, blickte ich hinauf zu Kopf und Schwert des steinernen Heroen und las mit dem Glase die Inschrift ab: „Niemals wird das Reich vergehen, wenn ihr einig seid und treu!" Welches Wort!
Wenn, so betonte ich vor mich hin. Der Spruch selbst schien mir in solcher Stunde nicht anzweifelbar. Waren wir je so einig gewesen im großen wie vor Beginn dieses Krieges? Waren wir alle zusammen schon je so treu, trotz mancher Einzelvorbehalte, die zurückgestellt wurden? Wohl war angesichts mancher Mißerfolge einiges durchgesickert über geheime Auseinandersetzungen der Führungskreise! Wohl stand auch ich als Offizier hinter meinem Eidherrn, doch wußte ich seit dem Moskauer Winter und dem Fall von Stalingrad, daß nicht alles Gold sein konnte, was man uns glänzend nannte. Ich sah zu dieser Stunde einen neuen Hermann in ihm, der die erste Schlacht gewonnen hatte, nun aber doch den Krieg zu verlieren begann, wenn auch hoffentlich nur aus nächster Sicht. Eben war die Räumung der Krim, also ein

großer Verlust, gemeldet worden. Im Osten herrschte die unheimliche Ruhe vor dem Sturm, und im Westen konnte die Invasion der Amerikaner und Engländer nur mehr eine Frage von wenigen Tagen oder Wochen sein.
Mit solchen Erwägungen fand ich wieder in die Gegenwart zurück und wurde innerlich ruhig wie nach den ersten Minuten des Trommelfeuers. In dieser Verfassung des wiedergewonnenen Gleichgewichtes wanderte ich sodann durch die schmucken Straßen von Detmold, dachte hier im Herzen von Lippe nach über den Sinn der einstigen Kleinstaaterei und besuchte die Häuser und Gräber Freiligraths und Grabbes. Auf dem Friedhof verwies ich es einem uniformierten Knaben freundlich, sich auf den Ästen eines schönen Baumes zu schaukeln. Dann wandte ich mich einer Gruppe von Fachwerkhäusern zu und schrieb mir einige der eingschnitzten Haussprüche auf, die mir ausnehmend gut gefielen.
So wurde es Abend. Ich aß im Gasthof ein gutes Stück gebratenen Schinkens. Es hätte ruhig dreimal so groß sein können, doch mehr war für meine spärlichen Marken nicht zu erwarten gewesen. Ein Trunk Bier beschloß die Mahlzeit, und ich schickte mich an, schlafenzugehen.
Ich hatte mich eben ausgezogen, da klopfte es energisch an die Türe: „Herr Leutnant, darf ich Sie einen Augenblick stören?" So fragte der Besitzer des Gasthofes.
„Nanu", dachte ich mir. „Sofort!" sagte ich und schlüpfte in meine Uniformhose.
„Kriminalpolizei!" schnarrte plötzlich eine solide Stimme.
„Tragen Sie einen Trauerflor am Ärmel, Herr Leutnant?"
„Jawohl, aber warum?"
„Darf ich um ihre Papiere bitten?"
„Eigentlich nicht, ich unterstehe nur der Wehrmacht! Aber bitte, ich trage kein Bedenken, Ihnen mein Soldbuch und meine Reisepapiere zu zeigen."
Der Beamte prüfte, verglich mit dem Meldezettel und sagte schließlich: „Ja, es ist alles in Ordnung! Entschuldigen Sie bitte die Störung, doch wir müssn sehr wachsam sein! Waren Sie heute am späten Nachmittag in der Nähe des Krankenhauses?"

„Gewiß, ich habe mir die ganze Stadt angesehen."
„Sie sind einem Hitlerjungen dadurch verdächtig erschienen, daß Sie sich vor einigen Häusern Aufzeichnungen gemacht haben. Auch war der Junge der Meinung, daß ein wirklicher Offizier feinere Stiefel tragen müßte. Er hat Sie für einen Spion gehalten."
Laut auflachend erklärte ich den Herren meine Notizen und winkte den Burschen, der sehr beschämt dastand, heran: „Es ist sehr schön, daß du dir über die Sicherheit deiner Heimat Gedanken machst, aber schau, ich bin eigentlich ein Frontsoldat, und dort kann man nur kräftiges Schuhwerk brauchen. Ein feindlicher Ausspäher wird sicher keine auffällige schwarze Armbinde tragen, sondern wie ein ganz echter Offizier aussehen. Du darfst dich aber nicht entmutigen lassen. Vielleicht gelingt es dir beim nächsten Mal, einen feindlichen Spion unschädlich zu machen!" Die Herren gingen fort. Belustigt über das kleine Abenteuer schlief ich ein. Ein Lichtblick: solange es solche Kerle gab!
Am anderen Vormittag war ich lange Stunden allein im sonntäglichen Teutoburger Wald. Die Externsteine waren ein geheimnisumwittertes Erlebnis. Mein Magen krachte wohl dem Stammgericht entgegen, das ich in Horn vorgesetzt bekam, doch mein Herz war guter Dinge.
Nachmittags mußte ich nochmals zum Hermannsdenkmal hinauf, denn ich glaubte mir diese weitere Stärkung schuldig zu sein. Ich war wieder ruhig geworden. Zwar sah ich nicht mehr viel vom Glanze der gelieferten Schlachten, deren ungeheure Opfer ich aus eigener Anschauung nur zu gut kannte, doch dämmerte mir viel von ihrer bisherigen Unvermeidbarkeit. Heraklit von Ephesos und sein Wort „Aller Dinge Vater ist der Krieg" fiel mir ein. Den „Kampf aller gegen alle", der auch die Völker gegeneinander trieb, sah ich freilich als eine schwache Entschuldigung dafür an, meine besten Jahre als Soldat hinbringen zu müssen. Man hatte eben seine Pflicht zu tun.
Und wenn ich jetzt vom Schwerte ablas: „Niemals wird das Reich vergehen, wenn ihr einig seid und treu", so wußte ich zwar von Reichen, die untergegangen waren, weil das

„Wenn" nicht erfüllt war. Doch im Gegensatz zu gestern betonte ich nachdrücklich das „Niemals". Ich fühlte die Gewißheit, daß auch diesmal allen trüben Aussichten zum Trotz „das Reich" nicht ganz zugrunde gehen und uns wenigstens das „Innere Reich" erhalten bleiben werde.

Robert Hampel

Sonnenwende

Bunte Blumensterne prangen
lenzenfroh in Wald und Au,
bis der Sommer kommt gegangen
und sie küßt im Abendtau.
Heimlich geht ein banges Wehen
und ein Flüstern durch das Feld
als ein heiliges Verstehen:
ach, wie schön ist doch die Welt!

Morgen wird der Schnitter schreiten
durch die Wiesen, durch das Ried,
Dengelschläge ihn begleiten,
und er summt ein ernstes Lied:
Weh! Nun ist das Werk vollendet,
Sonne wendet sich nach Süd',
was uns ward an Glück gespendet,
nur zu bald ist es verblüht!

Und die Welten und die Sonnen
kreisen unaufhaltsam fort,
weiß nicht, wann das Spiel begonnen,
schwach ist Menschenwitz und Wort!
Funkeln sehe ich die Sterne,
hell und klingend ist die Nacht, –
ewig zwischen nah und ferne
wirkt das Göttliche mit Macht!

Emil Magerl-Wusleben

An der Grenze

Einsame Wälder,
Wachtürme, tote Grenze.
Drüben Vertriebenenland,
Heimat einst von Millionen
Brüdern und Schwestern.
Verfallene Dörfer.
In den Vorgärten blühen
Jahrzehnte danach noch
Blumen, gepflanzt einst
von lieber Hand.
Schau nicht hinüber, Freund,
es bricht dir das Herz.
Was bleibt zum Troste
zu sagen mir,
dem über waldigem Hügel,
ein paar Felderbreiten davon,
die Heimat geblieben?
Ich leide mit euch,
die ihr aus der euren vertrieben,
mit jedem, der Haus und Hof,
Gräber und Ahnenerbe verlor
an jene, die dieses Land
niemals besessen.
In den Nächten aber,
von Ängsten gequält,
schreit mir
der böhmische Wind ins Ohr:
niemals vergessen!

                    Hans Heinz Dum

Jan und Julia

„Museum" steht groß über dem Portal meines Elternhauses, aus dem ich mit meiner Mutter vor 37 Jahren geflüchtet bin. Ja, ein Museum haben sie daraus gemacht! — Taghell scheint der Vollmond auf meinen alten Schreibtisch, ich könnte selbst so — bei ausgelöschter Lampe — in diesem alten Tagebuch blättern und lesen. Alles rundum schwimmt in silbriger Bläue, die Platanen auf dem Stadtplatz draußen schweigen und sind mit Mondstaub besät. Nachmittags, als ich kam, lag das Oktoberlaub als rote Schleppe zu ihren Füßen, rot war der Rasen wie von fließendem Blut.
Ich bin nicht weiter aufgefallen. Mit Touristenvisum war ich angereist. Ich mischte mich unter die wenigen ausländischen Gäste, um mir die Münzen und Medaillen der Bergwerksstadt, in der ich geboren bin, geruhsam anzusehen: die Zunfttruhen, die Wandbilder, die ich alle kenne. Eine grauhaarige Frau kassierte das Eintrittsgeld und begleitete uns durch die Museumsräume. Sie gab auch Erklärungen ab: „. . . älteste Bausubstanz der Stadt . . hier sogar noch ein gotisches Kreuzrippengewölbe, und da —
„Achtung — Stufe!" nahm ich ihr die noch unausgesprochene Warnung von den Lippen — wie oft bin ich als Kind in der Eile über diese halbe Stufe gefallen! Die Museumsführerin drehte sich ruckartig zu mir um und erkannte mich endlich an diesen Worten einer Eingeweihten: Achtung, Stufe! Sie wurde ganz weiß im Gesicht, und es schrumpfte da vor meinen Augen ganz zusammen. „Du bist es, du bist wieder da, Julia Vágnerowa!" „Ich bin es wirklich, aber Julia Wagner und nicht Julia Vágnerowa. Wagner — so wie wir alle geheißen haben, die wir hier gewohnt haben. Und du bist Helena. Natürlich. Du also hast dich in meinem Erbe eingenistet, ich will sagen, häuslich eingerichtet?"
Wir sind allein, die anderen gegangen, die Führung zu Ende. „Ich will dir zeigen, Julia, wie ich mich in deinem Erbe eingerichtet habe", flüstert meine slowakische Mitschülerin von einst. Wir stehen noch immer vor der Vitrine, in der die Schlüssel der Stadt auf einem Samtpolster funkeln; flackern-

des Silber auf tiefer Schwärze. Und ich merke, daß sich meine Hand unversehens zur Faust geballt hat, die doch ausgestreckt gewesen, das Glas zu berühren. Schon geht mir Helena voran und die Treppe hinauf in den Oberstock, und freilich nicht wie die Hausherrin hier geht sie, sondern wie eine Dienende. Wir sind am Ziel, wir beide. Oben stößt sie eine wohlbekannte Tür auf: Du bist daheim, Julia!
Zwanzig Jahre meines Lebens habe ich in dieser Stube geschlafen, geträumt, gearbeitet und gelernt. Gelesen. Nun trifft es mich wie ein heißer Schlag: nichts ist verändert. Alle meine Bücher stehen noch in Reih und Glied genau so da, wie ich sie zurückgelassen habe, darunter dieses Tagebuch, das ich an seinem tintenfleckigen Rücken sofort erkannte und hervorzog, ohne daß Helena mich daran hinderte. Als wir damals im März 1945 Hals über Kopf flüchten mußten, habe ich es vergessen. Ich drückte es an die Brust . . .
Und Helena? Sie sagte nicht einladend: „Setz dich hin, das ist ja noch dein eigener Stuhl, der mit der unbequemen Lehne, weißt du noch?" — Aber daß sie selber stehenblieb, während ich schon saß, sprach es deutlicher aus als jedes Wort. Ich setzte mir schnell die Sonnenbrille auf, um ihr nicht zu zeigen, daß ich weinte. Ihr scheues bekümmertes Lächeln beschämte mich zu sehr und machte, daß mein Zorn dahinschmolz. Ich weinte auch nicht wirklich, nur die Augen brannten mir so sehr, schon vorhin, als das Silber in der Vitrine so merkwürdig auf- und abtanzte. Selbst die Glasvase war noch da, in die mir Jan zuletzt noch ein Büschel Veilchen gesteckt hat, die ersten Veilchen dieses Frühlings 1945. Jan war Lehrer an unserer weltbekannten Taubstummenanstalt; er konnte nicht mit uns fliehen, die Kinder brauchten ihn doch, ungarische, deutsche, slowakische Kinder. Er hat mich die Gebärdensprache gelehrt — es war unsere eifersüchtig gehütete Geheimsprache, lautlos wie der Schlag unserer Herzen, wenn wir einander in den Armen lagen. Ich war zwanzig, er fünfundzwanzig. Damals flehte er mich an: Geh nicht fort, Julia! Laß die anderen gehen und bleib du bei mir. Das ist doch unsere Heimat, deine, meine! (Um die Stadt waren schon die ersten Kämpfe aufgeflammt,

im Spätsommer war ein Partisanenaufstand blutig niedergeschlagen und ein Teil der Stadt niedergebrannt worden). Jan war wild und voller Sorge um mich, nicht um sich selber und preßte mich hart an sich: Julia, du bleibst! Auch dieser Sturm wird vorübergehen. Aber du und ich – das bleibt! Jan und Julia, die bleiben. Wir haben noch die ganze Zukunft vor uns!"
Es war das letzte, was ich von ihm hörte.
Helena wagt sich nicht zu setzen. „Bitte, Helena – du wohnst doch jetzt in meiner – ehemaligen Stube hier, du bist doch in dieses leere Schneckenhaus gekrochen. Komm, ich meine es nicht so, wie es klingt . . ." (Helena rückt sich den zweiten lederbezogenen Sessel zurecht – eine grau gewordene hagere Frau mit faltigem Gesicht. Sechzig muß sie sein). – „Du hast mich erwartet, Helena? Dieses Zimmer – das sieht aus, als wenn ich es nie verlassen hätte."
„Du hast es ja auch nie verlassen", murmelt Helena. Sie sitzt mir am Tisch gegenüber wie ein müder Gast, ganz gewiß nicht wie eine, die das Wohnrecht unter diesem Dach genießt und darauf pocht! Es ist ihr alles nur geliehen, und sie weiß es auch. Warum hat sie nicht wenigstens meine Möbel umgestellt?
„Es geht dir anscheinend gut?" beginnt sie höflich und – ihr Deutsch ist fremdartig, aber es ist fehlerlos, in ihren und meinen jungen Tagen hat sie es nur mangelhaft beherrscht. „ – das ist aber ein schönes Kostüm, das du da trägst, Julia. Sehr modern. Der Kragen – das muß Blaufuchs sein. Nicht? Es geht dir doch gut?"
„So gut, wie es einem Menschen gehen kann, der seine Heimat verloren hat. Ich bin Chemikerin geworden. Ich war auch lange in Kanada. Karriere gemacht. Ich habe es ziemlich weit gebracht, wie man so sagt. Und du?"
„Ich habe es auch zu etwas gebracht – zu deinem Schatten, Julia. Warum fragst du nicht endlich nach Jan?" Warum hast du ihm nach dem Krieg denn nie geschrieben?"
„Ich habe ihm nach dem Krieg geschrieben. Jahrelang immer wieder. Und nie ist eine Antwort von ihm gekommen. Ich frage dich jetzt nach Jan!"

„Jan ist tot", erwidert Helena, steht auf und öffnet das Fenster, die rauhe und doch liebliche Luft der Tatra-Berge dringt herein. Es wird bald Winter sein, es ist schon dunkler Herbst. Bald wird der Schnee, der dichte Schnee der Tatra über meine kleine Stadt hinfegen und sie zudecken und nur die graue Burg wie ein strenges Mahnmal, ein Finger Gottes aus ihrem Mauerring aufragen. Sie heißen meine Stadt jetzt Kremnica. Für mich ist sie immer noch Kremnitz, die Goldene. Jan ist tot. Als ob ich es nicht gewußt hätte.

„ – viel hat sich gewandelt, Julia, andere Zeiten sind angebrochen, ich will nicht sagen: bessere. Auch eure Glashütte, auch eure Keramikfabrik, in der ich gearbeitet habe, ist verstaatlicht worden, nicht nur dieses Haus. Julia, als du fortgingst, da habe ich gelacht, obwohl du meine Freundin warst. Da habe ich mich gefreut und gejubelt. Es ist jetzt einerlei. Du sollst die ganze Wahrheit hören. Gejubelt, ja. Es sind 37 Jahre seitdem vergangen. Jetzt freue dich du, Julia. Denn am Ende hast du gesiegt, und ich verloren!"

Jan ist tot, hat sie gesagt. Ich hebe den Kopf und frage tonlos: „Wie ist Jan gestorben – und wann?"

„Nicht beim Einmarsch der Roten Armee. Aber verschleppt haben sie ihn, und er war jahrelang fort – darum hast du nie Antwort von ihm bekommen. Und als er endlich rehabilitiert war und zurückkam, das warst du wohl schon in deinem Kanada! Jan ist dann wieder Lehrer an der Taubstummenanstalt geworden. Geheiratet hat er nicht, weder mich noch eine andere. Er hat dich nie vergessen, und er hat dich auch gesucht . . . umsonst. Dann hat er am Aufbau dieses Stadtmuseums mitgearbeitet, er verstand etwas davon. Nichts von eurem Besitz, Julia, ist vergeudet worden, alles ist noch an Ort und Stelle. Die Steine hier sprechen immer noch deutsch. Und ich, Julia, ich war verurteilt, in deinen Schuhen zu stehen und dein Leben zu führen als deine Doppelgängerin, nicht mein eigenes! Ich habe gewußt, daß Jan dich liebte, darum war ich ja auch so froh, daß du fortgingst. Um Jan zu bekommen, habe ich mich gekleidet wie du, gesprochen wie du, seinetwegen auch Deutsch gelernt, weil er gewohnt war, es mit dir zu reden, es war doch auch seine

Muttersprache, obwohl sein Vater Slowake war! Seine Mutter stammte doch aus Brünn! – Jan ist oft hergekommen. Da, wo du jetzt sitzst, ist er gesessen und hat stumm an seiner Pfeife gesogen, oder er hat sich eines deiner Bücher aus dem Regal geholt. Darum habe ich hier auch nie etwas verändert – er sollte alles so finden, wie es immer war! Er war es auch, der mich dann zur Wächterin über das Museum vorgeschlagen hat, ihm verdanke ich es auch, daß ich hier wohnen darf. Das war Jan. Und du warst da und ich nicht, obwohl ich die gleiche Luft mit ihm atmen durfte! Da habe ich irgendwann einmal aufgehört, Helena Fialovna zu sein, und bin ganz und gar zu deinem Schatten geworden, Julia. Ich habe alle die Jahre dein und nicht mein Leben geführt. Jan hat einen Autounfall gehabt. Schon im Jahr achtundsechzig. Da endlich hätte ich aufhören können, wie du zu sein, aber da war es schon zu spät. Ich bin zu lange dein Schatten gewesen . . ." Dann breitete sie geängstigt die Arme aus: „Vielleicht sind wir das aber alle? Ich meine, alle, die wir in euren Häusern leben, in eurem Eigentum. Wir merken es vielleicht nur nicht. Aber die Erde merkt es. Die Erde. Sie ist treu."
Schweigend geht sie, zieht die Tür hinter sich zu, ich bin wieder allein. Die einsamen Viertelstunden sind mir seitdem durch die Finger geglitten wie Sandkörner. Das Licht – wo ist der Schalter? Ach, wo er immer war. Ich schlage mein Tagebuch auf, brüchig und stockfleckig sind die Seiten, über die vor vielen Jahren meine eilige Feder hingelaufen ist. Der letzte Eintrag, kaum noch leserlich, datiert vom 26. Februar 1945. Ein wirres Gekritzel voller Angst, panischer Angst. Die Mutter will fort, Schreckliches hört man von den zusammenbrechenden Fronten, vom Hereinfluten der Roten Armee. Ich, Julia Wagner, kann die Mutter doch nicht allein fortgehen lassen ins Ungewisse! Sie hat sich an mich geklammert, geweint und gebettelt. Ich war ihre einzige Tochter. Aber ich war auch Jans Verlobte.
Es ist noch eine leere Seite im Tagebuch. Ich schreibe. Kremnitz, den 12. Oktober 1982. Jan, jetzt bin ich da und bleibe. Jetzt fängt unsere Zukunft an. Das alles gehört wieder uns: der Himmel über unserer Stadt, die Bergwälder mit ihrem

harzigen Tannenduft, der Platz mit den Platanen und auch das Mondlicht, das unsere stille Welt so milde überschwemmt. Arme Helena. Im gleichen Schicksal gefangen wie du und ich. Sie hat mich nicht einmal gefragt, warum ich wiedergekommen bin. Man sieht es mir nicht an, wie wenig Zeit mir noch bleibt. Um mir ein Grab in meiner Heimaterde zu kaufen, dazu bin ich gekommen. Die Erde ist treu. Bald bin ich ganz daheim – Jan! Gudrun Embacher

1. Sonntag
2. Montag
3. Dienstag
4. Mittwoch
5. Donnerstag
6. Freitag
7. Samstag
8. Sonntag
9. Montag
10. Dienstag
11. Mittwoch
12. Donnerstag
13. Freitag
14. Samstag
15. Sonntag
16. Montag
17. Dienstag
18. Mittwoch
19. Donnerstag
20. Freitag
21. Samstag
22. Sonntag
23. Montag
24. Dienstag
25. Mittwoch
26. Donnerstag
27. Freitag
28. Samstag
29. Sonntag
30. Montag
31. Dienstag

Den Charakter eines Menschen kann man nach der Behandlung beurteilen, welche er den Tieren angedeihen läßt.

Friedrich der Große

Die Fleißigen, die Sparsamen, sie werden auch ordentlich ausgelacht, aber wer zuletzt lacht, das sind die Sparsamen, weil sei mitten im allgemeinen Untergang bestehenbleiben und sogar in die Höhe kommen. Denn im ganzen spielt die Weltordnung immer noch korrekt, daß Fleiß, Sparsamkeit und schlichte Redlichkeit gesegnet ist, während das Gegenteilige einen immer fortzeugenden Fluch in sich trägt und das Geschlecht, das ihm huldigt, moralisch und physisch zugrunde richtet.

Peter Rosegger

Wenn die Guten nicht kämpfen,
Siegen die Schlechten.

Plato

Nicht beben und bangen
im Dunkel der Nacht
in die Sterne langen —
Wille ist Macht!

Nur dem Flammenden reifen
die Träume der Nacht
in die Sterne greifen —
Wille ist Macht!

Heinrich Anacker

Ein Hase namens Peter

Die Sache begann damit, daß eine von Josef Maiers Häsinnen Mitte Mai Junge warf, sieben an der Zahl. Quicklebendige Kerlchen, die prächtig gediehen. Ein aus diesem Wurf stammender braungesprenkelter Hase war Josef Maier besonders zugetan. Er wurde sein ausgesprochener Liebling. Doch hatte diese beiderseitige Zuneigung, wie sich bald herausstellen sollte, ihre Tücken und war drauf und dran, Maiers Geschäft zu ruinieren.

Der aus dem Sudetenland stammende Rentner, ein ehemaliger Bauer, hatte sich nach Jahren harter Fabrikarbeit ein altes Häuschen gekauft und in der dazugehörenden Garage eine Kaninchenzucht eingerichtet, um sich ein paar Mark zur Rente hinzuzuverdienen. Das Geschäft florierte. Zudem waren die Unkosten gering. Vom Frühjahr bis zum Spätherbst war Josef Maier mit seinem Handwagen unterwegs, um Feldraine abzumähen und abgeerntete Gemüse-, Kartoffel- und Rübenfelder abzustoppeln. Er pflanzte in seinem Gärtchen hinterm Haus Kohl, Runkel- und Mohrrüben, handelte vom Erlös des Dunges, der bei den Kleingärtnern reißenden Absatz fand, Einstreu und Kraftfutter ein und verbrachte auf diese Weise seine Tage, mit sich und der Welt zufrieden.

Das sollte sich jedoch schlagartig von dem Augenblick an ändern, als ihm an einem Sommermorgen beim Öffnen des Stalles sein braungesprenkelter Liebling, den er in Erinnerung an seinen gefallenen Sohn Peter nannte, mit einem Satz auf die Schulter sprang, um sein Köpfchen zärtlich an Maiers stoppliger Backe zu reiben. –

Josef Maier pflegte sich nämlich, sehr zum Leidwesen seiner Frau, nur zweimal wöchentlich zu rasieren. – Peter drückte sein Köpfchen fest an Josef Maiers Backe. Dabei schmuste er mümmelnd wie ein zufriedenes Katerchen.

Der Rentner stand reglos mit töricht geöffnetem Mund, unfähig, sich von der Stelle zu rühren oder einen klaren Gedanken zu fassen. Etwas ähnliches war ihm noch nie zu Ohren gekommen. Ein Zufall, dachte er schließlich, ein reiner Zufall. Es soll ja mitunter erstaunliche Zufälle geben. Er streichelte das Häschen, setzte es behutsam in den Stall zurück und begab sich in die Küche, um seiner Frau die Neuigkeit zu berichten. „Du spinnst", sagte sie, ohne von der Arbeit aufzusehen. Und gleich darauf, ihn mit besorgten Blicken musternd: „Josef Maier, ich glaube wirklich, du spinnst!" Dann folgte sie aber doch halb ungläubig, halb von Neugier getrieben, ihrem Mann zu den Kaninchenställen hinüber, wo das Wunder zum zweiten Mal geschah. Von nun an wiederholte es sich täglich zweimal während der Morgen- und der Abendfütterung und, wenn ausgemistet wurde, auch noch zwischendurch.

Darüber verging der Herbst, und die Weihnachtszeit rückte heran. Zu diesem Zeitpunkt hatte Josef Maier Hochkonjunktur. So war es immer gewesen, und so war es auch in diesem Jahr. Aber etwas war anders. Beim Schlachten zitterten seine Hände. Zwei Tage vor dem Fest sagte er zu seiner Frau: „Peter muß fort. Es fällt mir schwer, mich von ihm zu trennen, aber was sein muß, muß sein. Wenn er bleibt, kann ich bald keinen Hasen mehr schlachten. Ein Hase wie Peter ist einfach etwas Naturwidriges. Er ist wie ein kleiner Mensch." „Wir werden ihn verschenken", schlug seine Frau nach kurzem Besinnen vor." Wir werden ihn Beckers zu Weihnachten schenken." Damit war ihr Mann einverstanden. Anton Becker hatte jahrelang mit ihm in der Fabrik gearbeitet und stammte obendrein aus demselben Dorf, wo er gleichfalls Bauer und nebenbei Hausschlachter gewesen war. Eine Tätigkeit, die er noch heute ausübte. Der würde keine Hemmungen haben. Josef Maier klemmte sich also den mit Luftlöchern versehenen heugefütterten Pappkarton mitsamt dem Peter unter den Arm und machte sich auf den Weg in den Nachbarort. „Hier bringe ich euch einen Festtagsbraten", sagte er. „Schlachten mußt du ihn selbst!" Darauf murmelte er noch etwas, was wie „ein Haufen Arbeit" und „große Eile" klang, drehte sich um und stapfte hastig mit langen Schritten davon. „Ihr kommt doch Weihnachten wieder vorbei?" rief Anton ihm nach, und Josef rief über die Schulter zurück: „Ehrensache!"

Sie hatten Weihnachten immer zusammen gesessen und sich vergangener Zeiten in der alten Heimat erinnert. Am Nachmittag des ersten Feiertages sagte Josef Maier trübsinnig: „Wir könnten doch ebensogut zu Hause bleiben." — „Das können wir ihnen nicht antun", antwortete seine Frau, „womöglich denken sie sonst, daß jemand krank geworden sei, und machen sich unnötig Sorgen. Außerdem muß man sein Versprechen halten!" Dagegen war nichts mehr einzuwenden. Josef Maier schlüpfte also in seinen guten dunklen Anzug, zog den Mantel an und begab sich in Begleitung seiner Frau ins Nachbardorf. Unterwegs sagte er bedrückt: „Wir hätten Peter nicht weggeben sollen, nicht zu sowas." „Quatsch!" versetzte seine Frau resolut, „nun werd' auf deine alten Tage bloß nicht kindisch!", während sie verstohlen mit dem Handrücken eine Träne aus dem Augenwinkel wischte.

Das Beckersche Ehepaar empfing sie in der offenen Haustür. Es roch nach Gänsebraten. Die Maiers nahmen es in freudiger Vorahnung wahr. Der Gastgeber lächelte geniert, während er die Gäste mit verlegener Geste zum Eintreten aufforderte. Ein Umstand, der so gar nicht zu Antons poltrigem Wesen passen wollte. Des Rätsels Lösung fand sich wenig später in der Wohnstube, wo auf der Couch aus einem Berg gehäkelter und gestickter Sofakissen zwei lange Ohren herausragten. Die Maiers ließen sich mit erleichtetem Auflachen in die beiden Sessel fallen.

Anton, der das Gelächter mit seinem Unvermögen in Verbindung brachte, errötete bis in die Haarwurzeln hinauf, während er verlegen stotterte: „Es ist man bloß'n Viech, denkt man, und dabei ist er wie'n ... wie'n ...", er suchte verzweifelt nach einem passenden Wort. „Wie'n kleiner Mensch", ergänzte seine Frau nicht ohne Triumph. Im nächsten Augenblick war Peter schon auf Anton Beckers Schulter gesprungen, um, wie üblich, den Kopf an seiner Backe zu reiben. Der alte Bauer streichelte liebevoll das braune Fellchen, wobei er, mit dem Kopf auf seine Frau deutend, entschuldigend meinte: „Sie hat gesagt, wenn ich ihn schlachte, will sie mit mir Rohling nichts mehr zu tun haben." Und mit

unsicherer Stimme fügte er hinzu: „Ich hätte es auch nicht gekonnt."
Inzwischen war Peter mit einem gekonnten Satz auf die Schulter seines früheren Herrn übergewechselt. Der förderte mit verschmitztem Blinzeln eine in zarte Kohlblättchen eingewickelte Mohrrübe aus seiner Rocktasche zutage, die Peter sogleich mit sichtlichem Behagen zu verzehren begann. „Du bist wohl nicht bei Troste", ließ sich Frau Maier entrüstet vernehmen, „und das in deinem guten Anzug!" Und kopfschüttelnd über soviel Unverstand: „Josef Maier, du wirst nie ein ordentlicher Mensch!" Der also Getadelte lächelte vergnügt vor sich hin, während er dem Freunde verständnisinnig zunickte, bei dem nun endlich der Groschen fiel. „Du Schlawiner", stellte Anton mit Erleichterung fest, „gib's schon endlich zu, du hast es auch nicht gekonnt!" „Stimmt genau", entgegnete der Angesprochene ungewöhnlich sanft, indem er angelegentlich Peters Stirn kraulte, „ich habe es auch nicht gekonnt!"
Der Winter war zu Ende gegangen und Ostern in greifbare Nähe gerückt, als eines Morgens Anton Becker unverhofft im Maierschen Häuschen auftauchte. Er ließ sich auf den Stuhl neben dem Küchentisch fallen und stützte aufseufzend den Kopf in die Hand, um schließlich mit der Sprache herauszurücken: „Da habt ihr mir was Feines eingebrockt", sagte er vorwurfsvoll, „aber es hilft nichts, Peter muß weg. Aber wohin mit ihm?" „Ist was passiet?" fragten die Maiers. „Und ob was passiert ist! Die letzten drei Monate haben mich mehr Nerven gekostet, als ich verkraften kann. Die Bauern haben mehr als einmal gesagt: ‚Anton', haben sie gesagt, ‚du bist ein guter Metzger, wir waren immer mit dir zufrieden. Aber neuerdings fällt uns deine Gefühlsduselei auf den Wecker. Warum in aller Welt mußt du vorher immer die Kälber und Schweine streicheln und mit ihnen reden, ehe du sie umbringst? Da dreht sich einem hinterher ja der Schweinebraten im Magen herum. So kann das nicht weitergehen. So was ist einfach nicht normal.' Aber ich brauche doch das Schlachtergeld zur Abzahlung meiner alten Bude," fügte er kläglich hinzu.

Plötzlich kam Frau Meier die rettende Idee. „Wir werden ihn Kirchners schenken!" sagte sie. Fritz Kirchner war der Sohn des gemeinsamen inzwischen verstorbenen Freundes aus dem Heimatdorf, der mit seiner Frau und drei kleinen Kindern in der elf Kilometer entfernten Stadt wohnte. „Neulich habe ich Brigitte getroffen", fuhr Frau Maier fort. „Sie war ganz niedergeschlagen, weil Fritz doch im Nebel den Unfall gebaut hat. Zu Schaden sei niemand gekommen, aber der gerade abgestotterte Wagen sei hin gewesen. Dabei sei Fritz als Vertreter auf das Auto angewiesen. Deshalb hätten sie ein neues auf Raten gekauft. Und deshalb könnten sie den Kindern dieses Jahr bloß ein paar buntgefärbte Eier schenken."
Am Ostermorgen fuhren Anton und Josef nach dem Kirchgang in einem Taxi zur Stadt. Soviel war ihnen sowohl ihre eigene als auch Peters gesicherte Zukunft wert. „Wir haben euch einen Osterhasen mitgebracht", begrüßten sie die über ihr kärgliches Osternest enttäuschten Kinder. Und darüber war, wie sich denken läßt, die Freude natürlich groß. Kaum, daß der Karton geöffnet war, sprang Peter auch schon mit einem mächtigen Satz Uwe, dem Ältesten, auf die Schulter, um sein Köpfchen sogleich zärtlich an das kleine Bubengesicht zu schmiegen. Die Mädchen jubelten vor Freude, und der kleine Junge sagte strahlend: „Guck mal, Mami, er mag mich. Er hat es mir ins Ohr gesagt. Ich hab es ganz deutlich gehört!" Natürlich hatte Peter nichts gesagt. Aber Kinder haben ja noch eine begnadete Phantasie, und nur ein ganz brutaler Mensch bringt es fertig, ihnen ihre Träume mit nüchternen Worten zu zerstören. Und so bestätigten die Erwachsenen einmütig, daß sie es auch vernommen hätten. Das Futter versprachen die beiden über Peters gute Aufnahme beglückten Rentner wöchentlich im Wechsel mit der Post zu schicken.
Bei den Kirchners ist Peter dann endgültig geblieben, gehegt, gepflegt, verhätschelt und umsorgt von einem zwar nicht mit irdischen Gütern gesegneten, doch glücklichen Elternpaar und drei munteren, fröhlichen Kindern. Und wenn er in der Zwischenzeit nicht gestorben ist, lebt er gewiß noch heute, wie eh und je herrlich und in Freuden.   Renate Sprung

Verschlossene Türen

Die Wissenschaft baut an ihren
kristallenen Welten.
Aber nichts ist zu merken,
daß wankende Brücken gestützt würden
mit Pfeilern der Vernunft und der Liebe.
Kein Begreifen mildert die Atmosphäre
erbitterter Gegner.
Die Tage gehen vorüber,
das Auge der Welt
ist eine einzige Träne.
An welchem Ort weilt der Friede?

Maria Müller-Indra

Mährischer Park

Blüht eine Rose im grauen Gesteine
Neben der Vase in steinerner Wand,
Singt eine Amsel hoch und alleine
Über dem fruchtbaren Mährerland.

Moder hinter der bröckelnden Schale
Lufthauch müde den Park durchweht,
Neigt sich die Rose dürstend zu Tale,
Wo der versunkene Brunnen steht.

Reinhard Pozorny

Reiselied

Eilst du suchend auch dahin
Ungestüm in grüne Ferne,
Sind doch über dir die Sterne,
Die du kennst von Anbeginn.

Überfällt dich auch mit Macht
All das Unerhörte, Neue,
Wacht doch über dir die Bläue,
Die als Kind dir schon gelacht.

Was du eilend auch beginnst,
Niegewahrtes zu gewahren,
Immer wirst du doch erfahren,
Daß du nie dir selbst entrinnst.

So bezwingst du Zier für Zier
Dieser Welt im großen Kreise.
Und am letzten Saum der Reise
Kehrst du wieder ein bei dir.

Franz Karl Ginzkey

Mein Glockenspruch

Geboren in deutscher Not,
in Deutschlands Aufbruch geschritten,
treu, wie die Ehre gebot,
für Deutschlands Größe gestritten.

Verdammt, als Teufel und Tod
das Reich in Scherben geritten.
Der Knechtschaft bitteres Brot
empfangen mit Schergentritten.

Mein Vaterland von Despot
und Mammon entzweigeschnitten,
das Volk von Gauklern umdroht,
in Zwist und Zwietracht geglitten.

Ich läute ins Morgenrot
den Trotz, der Sturmnacht durchlitten.
Mein Herz vom Glauben umloht –
und Deutschland, Deutschland inmitten.

Karl Emmert

Meinem Kind in die Wiege gesprochen

Nun wirst du nie mehr mir so nahe sein,
Wie zu der Zeit, da ich dich lächelnd trug,
Da leis' dein kleines Herz in meinem schlug
Und du geborgen warst in meinem Sein.

In jenen Tagen war ich nie allein,
Obgleich mir manchmal fremd des Gatten Zug.
In mich zu lauschen, war mir Glücks genug,
Die ganze Welt bestand nur aus uns zwei'n.

Doch als ich dich nach schmerzzerriß'ner Stunde
Ein Eig'nes, Fremdes vor mir liegen sah,
Und plötzlich nichts mehr mich mit dir verband,

War ich zutiefst allein . . . Bis es geschah,
Daß ich in deinen Augen, deinem Munde
Das Antlitz des Geliebten wiederfand.

                        Veronika Handlgruber Rothmayer

Vor der Ernte

Nun fähret in die Ähren auf dem Felde
Ein leiser Hauch,
Wenn eine sich beuget, so bebet
Die andere auch.
Es ist, als ahnten sie alle
Der Sichel Schnitt. –
Die Blumen und fremden Halme
Erzittern mit.

        Martin Greif

<table>
<tr><td>

1. Mittwoch
2. Donnerstag
3. Freitag
4. Samstag
5. Sonntag

6. Montag
7. Dienstag
8. Mittwoch
9. Donnerstag
10. Freitag
11. Samstag
12. Sonntag

13. Montag
14. Dienstag
15. M. Himmelfahrt
16. Donnerstag
17. Freitag
18. Samstag
19. Sonntag

20. Montag
21. Dienstag
22. Mittwoch
23. Donnerstag
24. Freitag
25. Samstag
26. Sonntag

27. Montag
28. Dienstag
29. Mittwoch
30. Donnerstag
31. Freitag

</td></tr>
</table>

Musik findet und führt uns noch,
wenn alles uns verlassen hat,
und glorreich triumphiert ihre Macht,
wenn sie in unsere schwerste Stunde
hineinklingt.

Alexander Berrsche

Die wahre Heimat ist eigentlich die Sprache, sie bestimmt die Sehnsucht danach, und die Entfremdung vom Heimischen geht immer durch die Sprache am schnellsten und leichtesten, wenn auch am leisesten vor sich.

Wilhelm von Humboldt

Es ist ein wunderbares Lied in dem Waldesrauschen unserer heimatlichen Berge. Wo du auch seist, es findet dich doch einmal wieder, und wär' es durchs offene Fenster im Traum. Keinen Dichter noch ließ seine Heimat los.
Wer einen Dichter recht verstehen will, muß seine Heimat kennen. Auf ihre stillen Plätze ist der Grundton gebannt, der dann durch alle seine Bücher wie ein unaussprechliches Heimweh fortklingt.

Joseph von Eichendorff

Nichts
ist umsonst getan.

Nichts
ist verlorenes Müh'n.

Jede Sekunde der Zeit
zeugt ihren Erben.

Alles hat Sinn:
auch am Verderben,
selbst noch an deinem Sterben
reift eine Seele
heran.

Elfriede Frank-Brandler

Steinadler und Gamskitz

Die alte Gemse stand da und empfand die Kraft der Sonne voller Freude. Sie bewegte ihre Kiefer kauend hin und her, sie knickte ein wenig in den Läufen zusammen und gab sich ganz der Wärme hin, die zum erstenmal an diesem Tage auf ihre Decke strömte. Sie äugte nirgendwo hin, sie lauschte auf nichts; sie war ein Wesen, das die Sonne anbetete und sich ihrer wunderbaren Kraft anheimgab, dieser Kraft, der alles Leben sein Dasein verdankt.

Das alles konnte nur wenige Augenblicke gewährt haben, denn die Nebel waren noch nicht hundert Gänge weit davongestrichen. Da schien es ihr, als komme im Nebel etwas Dunkles, Breites zum Vorschein. Sie hielt mit dem Kauen inne, wandte das Haupt und erkannte im Bruchteil eines Herzschlages den Adler.

Das Adlerweibchen hatte heute noch nicht geschlagen, denn auch ihm hatte der Nebel die Sicht geraubt. Als es bemerkte, daß die Wolken sich zu zerteilen begannen, war es vom Felsen abgestrichen, auf dem es geblockt hatte. Es hatte sich mit ein paar holpernden Sprüngen dem Wind in die Arme geworfen und war rauschend den bunten Farbenspielen entgegengeschossen, von denen es wußte, daß sie den Durchbruch der Sonne verkündeten. Da brach es nun hervor und jagte mit furchtbarer, tödlicher Geschwindigkeit heran.

Grell warnte die Mutter. Sie rief so dringend, daß das Kitz im Augenblick auf sie zukam. Es federte die Klippe empor in rasenden Sprüngen. Aber der Adler hatte es bereits bemerkt und zischte heran wie ein Pfeil. Seine kalten Augen berechneten haargenau, wo er mit dem Kitz zusammentreffen mußte. Schon kamen seine Fänge weit aus dem Gefieder der Unterseite hervor und öffneten sich zu furchtbaren Griffen. Triumphierdend wußte er im Augenblick, daß er das Kleine dicht neben der Mutter schlagen würde. Er würde das Rennen gewinnen, das war sicher.

Seine kreisrunden Seher schienen Flammen zu sprühen. Das Gemslein klagte jämmerlich auf, als es bemerkte, wie der ungeheure Vogel in furchtbarer Schnelligkeit auf es zukam.

Es duckte sich hilflos ins Kraut; es warf sich zwischen die Felsen, als hoffte es, sie würden sich schützend auftun und es verbergen. Voll Schrecken, mit halb geschlossenen Lichtern ergab es sich bereits in sein Schicksal, als sich die Mutter im letzten Augenblick zwischen ihr Kind und den Räuber warf. Der Adler konnte sich keine andere Richtung mehr geben. Er warf den Körper vor und riß die Flügel auseinander, so daß ihn sein eigener Schwung steil in die Höhe trieb. Aber das genügte nicht. Eine seiner Schwingen traf die Alte hart und schmerzhaft und schleuderte sie fast aus dem Stande. Doch sie trat nur einen Schritt zurück, um sich fest über ihr Kind zu stellen, das wieder aufzublicken wagte. Dann nahm sie das Haupt tief und wies dem Adler die Waffen.
Der große Vogel wollte nicht glauben, daß er sein Spiel verloren hatte, dieses Spiel, das nicht zu verlieren war. Er drehte eine Kurve, daß der Außenflügel die Luft wie ein Messer zerschnitt, und setzte blind vor Wut zum Stoß auf die Alte an. Er fiel vom Himmel wie ein Geschoß, aber er mußte zusehen, wie er wieder heil davonkam. In der sanften Mutter war eine Furie erwacht. Sie warf sich dem Aar entgegen und hieb mit den Krucken nach ihm, daß die Federn stoben. Der Hieb hatte eine Schwungfeder geknickt und brachte den Flieger zum Schwanken. Er stieg auf und glitt in großen Kreisen um die Gemsen. Scharf tönten die Pfiffe der Alten und des Jährlings zu ihm empor.
Da wurde es grau. Da erlosch Farbe und Licht. Die Wolken hatten sich wieder zusammengeballt und legten sich wie eine Wand zwischen Aar und Gams. Die Umrisse des kreisenden Vogels wurden immer undeutlicher und blasser und ertranken endlich völlig im Nebelgrau.
Das Kitz stand auf. Es blickte ängstlich auf seine Mutter, die den Atem stoßend aus den Nüstern warf und sich mit hervorquellenden Lichtern wütend rollte.
Das Gemsenkind war noch jung und dumm. Deshalb verstand es nicht so recht, daß die Mutter ihm das Leben gerettet hatte. Es trat zu ihr heran und stupfte sie in die Flanken. Da verglomm das böse Feuer in ihren Lichtern, und sie gab ihm die Nahrung, um die es bat.   Franz Graf Zedtwitz

Sommerreife

Ernteprall stehn Feld und Wiesen,
jede Frucht wiegt reifeschwer;
Sommerduft zieht breit daher
über weiche Sonnenfliesen.

Schon die ersten Winde bliesen
durch das gelbe Ährenmeer.
Mächtig wogt es hin und her
wie ein Wald von Tannenriesen.

Helle Spiegelfalter schweben
über Korn und roten Mohn
schillernd zwischen buntem Blühn.

Flutengleiches Farbenweben
trägt den Blütendunst davon,
den die Sommermatten glühn.

Walter Reiprich

Kugelfang

Langsam tastete sich das Licht der Autoscheinwerfer vorwärts, fraß sich in die Dunkelheit des Waldes. Die vibrierende Helle vollführte auf den Stämmen einen geisterhaften Tanz und ließ die Bäume noch unheimlicher aussehen als die starre Dunkelheit. Die drei Insassen des Wagens starrten gespannt auf den holprigen Waldweg. Ihre Gesichter waren unbeweglich. Man konnte die starke, seelische Spannung fast körperlich spüren, unter der sie standen. „Sind wir nicht schon zu weit gefahren?" Dieser Satz, den der Mann auf dem Rücksitz ausgesprochen hatte, waren seit einer halben Stunde die ersten Worte, die in dem Auto fielen.

Der Fahrer knurrte ein undeutliches „nein" und spuckte aus dem Fenster. Dieses hatte er zur besseren Orientierung offengelassen. Seine beiden Fahrgäste schienen nichts dagegen zu haben, obwohl sie auf Grund der kalten Nacht ihre Feldjacken bis zum Kinn geschlossen halten mußten und die Kapuzen übergestülpt hatten.

„Ich habe ja nur gemeint", gab der Fragesteller zurück. „Der Weg kommt mir so lang vor. Aber das ist wohl so bei solchen Gelegenheiten."

Er erhielt keine Antwort. Der Fahrer schlug den Lenker ein und verließ den schlechten Pfad. Das Holpern wurde noch schlimmer. Er fuhr ein paar Meter über den Waldboden. Hinter einem Gebüsch kam das Auto zum Stehen. Sein Lenker drehte den Zündschlüssel herum und zog die Handbremse an.

Der Beifahrer räusperte sich. „Da wären wir", meinte er mit einer Stimme, der man die Spannung anmerken konnte, und stieg aus. Die beiden anderen Männer folgten.

Der Kofferraum wurde geöffnet. Der Beifahrer nahm eine große Ledertasche heraus. „Theo, du trägst die Werkzeuge, Hans, nimmt den Verbandskasten." Beide nickten. „Gehen wir direkt los", meinte Hans, „oder warten wir noch etwas, Erich?"

„Wir gehen direkt", erwiderte der Angesprochene. „Wenn schon, denn schon. Zuerst müssen wir noch auf alle Fälle Gesicht und Hände schwärzen. Das kann unter Umständen lebenswichtig sein."

Die Freunde machten sich an die Arbeit. Ein paar Minuten später waren sie fertig; schemenhafte Gestalten, jetzt von ihrer Umgebung auch nicht durch die helle Hautfarbe auszumachen.

Dann machten sie sich auf den Weg, drei schweigende Männer mit entschlossenen Gesichtern. Sorgsam bahnten sie sich die Bahn durch das Gestrüpp den Hügel hinauf. Die letzten Meter ließen sie sich auf Ellenbogen und Knie nieder und krochen bis zum Waldrand.

Dann sahen sie es, den Zaun und die Wachtürme, die Mordgrenze quer durch das Land. „Bereit?" fragte Erich leise.

„Ja", gaben seine Freunde in der gleichen Lautstärke zurück.
„Gut. Ich robbe jetzt einmal bis zum Zaun, peile die Lage und kontrolliere den Schußautomaten. In einer Viertelstunde kann Theo nachkommen. Hans, du bleibst hier und deckst den Rückzug."
Langsam kroch Erich vorwärts. Meter für Meter legte er zurück, Minute für Minute verstrich. Dann hatte er den Zaun erreicht, er tastete den Eisenpfahl. Langsam krochen seine Finger nach oben. Erich schnaufte und sah sich um. Drohend ragten die dunklen Türme in den Himmel. Er mußte es riskieren. Langsam richtete sich Erich auf.
Auf einmal strahlende Helle, ganz plötzlich. Erich sah in einen Suchscheinwerfer. Er wußte, daß es jetzt für ihn vorbei war, und alle Nervosität fiel von ihm ab.
Dann hörte er es schon: Tak-tak-tak, die Schüsse eines Maschinengewehres. In der gleißenden Helligkeit sah er eine Reihe von Staubfontänen, die auf ihn zuwanderten. Ihm war, als geschähe dies in Zeitlupe.
Dann spürte er einen brennenden Schmerz und wurde gegen den Zaun geworfen. Krampfartig krümmten sich seine Finger zusammen, und Erich merkte, wie die Stacheln des Drahtzaunes in seine Hände drangen.
Erich lächelte, als er eine weitere Staubfontänenreihe wandern sah. Auf die Knie hatten sie ihn gezwungen, aber den Gefallen, ihn liegen zu sehen, würde er ihnen nicht machen. Seine Fäuste ballten sich um den Stacheldraht, als wäre er die Rettung vor dem Tod.
Wie nach einem Sprühregen erschienen vor ihm auf dem Boden rote Punkte, die immer größer wurden und dann zu einem Teppich verschwammen. War so das Sterben? Gab es nach dem Tod ein neues Leben? Wie würde das dann sein?
Auf einmal hörte er die Stimmen seiner Freunde, sah das verschwommene Gesicht von Elke, die bei der Flucht über die Ostsee ertrunken war. Und ihm war, als wäre er im Himmel.
Theo und Hans liefen die Tränen ins Gesicht. „Das ist also das Ende", flüsterte Theo. Hans schüttelte den Kopf. „Nein, es ist nicht das Ende, jedenfalls nicht für uns. Für uns ist es eine Verpflichtung, ein neuer Anfang." Hans Casanova

Wie es soll

Sehnsucht hißt die weißen Segel,
blaue Weite lockt und zieht
und der Seele leichter Nachen
pfleilschnell vor dem Winde flieht.

Aus der dämmerblassen Ferne
blüht ins Licht ein grüner Strand,
rote Rosen glühn wie Sterne,
Liebste winkt mit weißer Hand.

Und das Segel wird zum Flügel,
streift im Flug des Himmels Saum,
Welle wächst zum Wolkenhügel,
und der Wunsch zerfließt in Traum.

Was heißt wünschen, was heißt wollen,
töricht Herz, der Sehnsucht voll!
Magst du jubeln, magst du grollen,
es geschieht doch – wie es soll!

Othmar Capellmann

Der Schelm vom Berge

Nein, schärfere Gegensätze als Berg und Meer sind dem landschaftlichen Betrachter zu spüren unmöglich. Das gigantische Übermaß eines Felsens wächst dem Himmel zu, das Meer, mag es wild sein oder träge, fließt in die ebene Weite. Alles empfing sein Gesetz nach dem Willen des Schöpfers, darum grasen Rinder und Lämmer auf den matten alpiner Fruchtbarkeit, während Wale und Tümmler mit behendem Übermut durch den Atlantik schlüpfen. Eine Umkehrung wäre närrisch, aber das Närrische sei verbannt aus dem frohen Sinn dieser Geschichte. Rinder und Lämmer im Ozean? Wale und Tümmler im Revier der Alm? Ein Spuk, ein törichtes Spinnen! Frei ist nur der Vogel im Wind, vom Bussard bis zur Möwe, und auch das Dasein dieser Kreatur hat seine weise Ordnung: Wie könnte die Möwe am Matterhorn horsten, wie dürfte der Bussard in Scharen beim Seefahrer um Atzung betteln —!
Es geschah aber, daß die Freude der Zeit, in der wir Westdeutschen heute leben, einen Tausch von ähnlicher Seltsamkeit mit dem — Menschen unternahm. Will sagen: einen Bruder der bayerischen Berge, Holzarbeiter von Beruf, erreichte die Botschaft, daß er ausgewählt sei, mit viertausend Volksgenossen eine Meerfahrt zur sonnigen Zone Madeiras zu genießen. Jawohl, für verdiente Arbeiter sei solch ein Traum heute möglich, der Leiter des Sägewerks schenkte die Reise und noch ein Zehrgeld dazu!
Dem Stoffel — ich meine den Holzarbeiter aus Oberbayern — fuhr es zuckend durchs Fell: Er, ein Sohn der Alm und sonst in der Freizeit nur ein Kletterer an rauher Karwendelwand, er sollte zur See, sollte über den Ozean, unausdenkbar weit zu Schiff —?
Steffel hatte immer ein Grinsen für Leute gehabt, denen es schwindlig wurde auf dem Pfad der Gemsen. Nun griff er sich selber an die Stirn und spürte ein Taumeln: Schwerenot, ein Abenteuer lockte, der Schelm vom Berge klatschte sich die Knie, dann fuhr ein Jodler aus der Brust, so triumphie-

rend, so besessen, daß der Karwendelwand das Echo stekkenblieb wie einem erschrockenen Menschen die Stimme. —
— Bald packte der Holzarbeiter seine Pappschachtel voll Wäsche, drückte dem Sägewerksleiter so toll die Pfote, daß dieser ins Tanzen kam, und reiste fort über München mit dem Sammelzug nach Hamburg.
Nein, schärfere Gegensätze als Meer und Berg sind dem landschaftlichen Betrachter zu spüren unmöglich: Der Steffel mit seinem grünen Filzhütchen und wippender Spielhahnfeder trug gar Wadenstutzen und eine Uhrkette voller Münzen, als neben ihm ein Matrose in seemännischer Kluft dabei war, hinterm Kap Finisterre die Flagge zu dippen.
Steffel und dieser Matrose: Berg und Meer in menschlicher Nachbarschaft — ?
„Werd man nicht seekrank, Jungchen, es kommt Sturm!" foppte der Blaue, indes Steffel das Hütchen mit der Spielhahnfeder umklammerte, denn der Wind blies roh und die Dünung rollte.
Sapperlot, wenn das Schiff stampfte, hüpfte der Magen unbehaglich zur Kehle, und es waren wohl tausend Augen an Bord, die den Sohn der Alpen beobachteten, neugierig, ob sich Alm und Meer vertragen würden oder ob der Ozean den Abgesandten des Karwendelgebirges zu einer Geste unerquicklicher Demütigung zwingen könnte.
Kein Bussard hätte diesem Sturm zu trotzen vermocht, doch der schwingenden Möwe war's ein Vergnügen. Also mußte sich der Steffel entscheiden. Schon stand er allein auf dem Achterdeck, bald zum Krähennest spähend, bald die bange Hand über die Augen deckend, weil der Ozean die Wellen zu Woben auftrieb und die Wogen zu schäumenden Bergen. Das donnerte gefährlich, dem Schiff gab's jedesmal einen Stoß, als wollten Riesenfäuste die eiserne Wanne um die Achse drehen, bald in der Länge und bald in der Breite.
Der Holzarbeiter vom Karwendelstein schaute sich um: Keine Seele mehr auf offenem Deck, er allein als Abenteurer auf Posten; denn abenteuerlich kam er sich vor, weil die Ohren pfiffen und in der Brust ein schrecklich Rebellieren begann.

Da: eine Bö stieß aus den Wolken jäh hinab, das Schiff tanzte wie ein gereizter Stier, dem keiner an die Hörner durfte. Weil aber der Ozean drei Atemzüge später einen Wellenberg schickte, so hoch und so steil wie nie einen anderen vorher, tat der Steffel vom Karwendelstein vor diesem Berg, was er immer vor den Bergen getan: Er schoß einen Jodler hinüber, so triumphierend und besessen, daß der Wasserwand das Echo steckenblieb wie einem erschrockenen Menschen die Stimme! Und weil der tolle Ruf seine Wirkung tat, denn der Kopf wurde freier und die Brust sog den Atem wieder tief und genesend ein, wurden zehn Jodler aus dem einen, bis das melodische Jauchzen kein Ende mehr fand –

„Ich werd die kriagn!" schrie der Steffel, „mich schreckst nimmer", zürnte er hinterher, und also stand er seinen Mann; denn der Berg war Berg, mochte er von Wasser sein oder von Granit, mochte er in die Weite wanken oder zum Himmel stoßen, der Älpler bannte ihn und seine Abgründe mit wütender Kraft.

Denen, die es hörten, und sei es durch die Wände der Kabinen und Räume, war's seltsam zu Sinn: Der Schelm vom Berge hatte das Meer bezwungen, weil er die drohende Angst vor ihm wie ein teuflisches Versuchen von sich schleuderte. Also blieb er fest und gesund, also lachte er in der sonnigen Windstille des nächsten Tages seine tausend Kameraden an: „Mich hat's umwerfen wollen, weil ich dös Spielhahnhüterl trag und zwei Wadenstutzen dazua. Da hab ich gezeigt, was ein Karwendler ist: Herrgott, er soll sich nix einbilden wollen, so an damischer Ozean. Nu sind wir gut Freund, daß ihr's wißt." –

Beim nächsten Seegang haben viele das Jodeln versucht, aber es half ihnen nicht auf die Beine; denn das letzte fehlte diesen Stimmen, nämlich der eiserne Trotz des Steffel vom rauhen Karwendelgebirge.   Heinz Steguweit

Fraget die Bäume!

Junge Forstleute hatten zuerst den Gedanken gehabt, hier auf der Höhe in der windgeschützten Lage einer kleinen Lichtung eine Hütte für junge Menschen aus der Großstadt zu bauen, daß sie wieder ein natürliches Verhältnis zum Wald und zum tausendfältigen Leben darin gewönnen. Ein Mäzen, der die jungen Leute in sein Herz geschlossen und seine frühe Liebe zum Wald auch in seine späten Jahre hinübergerettet hatte, war ihnen mit einer stattlichen Summe beigesprungen. So war aus der ursprünglich geplanten Hütte ein ansehnliches Haus geworden, einfach, aber zweckmäßig, für junge Menschen zum Wohnen, Schlafen, zum Arbeiten und Feiern eingerichtet und ständig von einem der jungen Förster betreut, die ganz in der Nähe lebten.
In der Regel kamen Gruppen der freien Jugendverbände, die mehr oder minder zufällig unter der Hand von der Gelegenheit erfahren hatten, daß man hier bei einem gezielten Einsatz von wenigen Stunden am Tag in leichten Kultivierungsarbeiten in froher Gemeinschaft leben könne und selbst nur einen geringen Kostenanteil aufbringen müsse.
Auch die Abgängerklasse einer Hauptschule in der Landeshauptstadt war mit ihrem Lehrer Peter Seiler unter dieser Bedingung in das Heim im Gebirge gekommen und war hier rasch heimisch geworden, zumal sich der Lehrer und der Förster, Jörg Gruneberg, fast gleichaltrig und beide zu ihrer Zeit in einem der jungen Bünde der zweiten Nachweltkriegszeit groß geworden, auf Anhieb genau so prächtig verstanden wie Lena Seiler und Klärli Gruneberg, ihre rasch zupackenden, tatkräftigen Frauen.
Es war üblich, daß die Heimbelegschaft sich aus den zur Verfügung gestellten Vorräten selbst verpflegte. Küchenpersonal gab es nicht. Alles war auf eigenes Tun eingerichtet. Das aber war von Peter Seiler und seiner Frau Lena von vornherein in ihre Planung einbezogen worden und brachte auch in der Praxis genau so wenig Schwierigkeiten, wie die tägliche Arbeit in den Schonungen, die Förster Gruneberg selbst anleitete und bei der der Lehrer ein achtsames Auge auf seine

unsicheren Kantonisten warf, daß nicht einer von ihnen entgegen aller Verabredung doch plötzlich Streichhölzer oder ein Feuerzeug hervorholte, um sich eine Zigarette anzuzünden.

Der junge Förster haßte die sattsam bekannten Verbotsschilder, die den Besucher durch Parkanlagen, auf Spazierwegen und selbst im Wald auf Schritt und Tritt begleiteten. „Das muß man doch auch anders, positiv, lösen können", argumentierte er in einer abendlichen Runde, als die ganze Heimbelegschaft im Gemeinschaftsraum versammelt war. „Aber wie?" fragte einer der Jungen, der nicht so aussah, als wenn er am leichten Band zu lenken sei. „Ja", lächelte Jörg Gruneberg, „das ist ja gerade die Frage, die mir Kopfzerbrechen bereitet und dir sicher auch." „Mir? Wieso gerade mir?" „Nun", erwiderte der Förster bedächtig, „weil uns der Wald, den wir zu hegen und zu schützen haben, doch allen gemeinsam gehört." „Ach ja, natürlich, Sie denken an die Steuern!" „An die auch, Klaus, aber nicht allein. Lies einmal den Spruch an der Wand bitte laut vor!" Klaus las: „Fraget die Bäume, und sie werden euch sagen, was ihr mit ihnen zu machen habt." Er tat das langsam und bedächtig, und man spürte, wie er schon beim Vorlesen dem Sinn dieser Worte nachsann. Dann fragte er: „Da steht auch noch: Der alte Pfeil, 9. Jahrhundert. — Was bedeutet das?"

„Das will ich dir sagen, Klaus! Ich habe diesen Ausspruch aus einer alten Schrift entnommen. Und ich meine, er ist heute noch genau so wahr wie vor elfhundert Jahren." — Ein Mädchen meldete sich: „Wir können das Alter der Bäume an ihren Jahresringen messen." „Stimmt genau!" Ein Junge wußte etwas anderes: „Wenn die Bäume früher einmal zu dicht gepflanzt worden sind, bekommen die Kronen der kleineren nicht genügend Licht und müssen verkümmern." „Der Boden, auf dem sie wachsen, ist auch wichtig. Sie gedeihen nicht auf jeder Bodenart gleichmäßig", berichtete ein Mädchen. „Ihr habt euch gut auf euren Waldeinsatz vorbereitet", erkannte der Förster an. Eine Schülerin lobte ihren Lehrer: „Herr Seiler hat auch was auf dem Kasten! Er versteht etwas vom Wald. Als Junge ist er viel in Wäldern gewe-

sen. Er kann Spuren lesen, sich mit Kompaß und Karte zurechtfinden und kennt jede Baumart." Der Lehrer hob beide Hände hoch: „Bitte, übertreib nicht so maßlos, Gisela! Ich will gern mit euch gemeinsam vom Förster lernen." Der lächelte fein: „Wir alle werden von den Bäumen lernen. Behaltet das Wort in Erinnerung. Wir werden uns beim Abschied fragen, was wir von den Bäumen erfahren haben, wenn wir wieder auseinandergehen." Willi, einer der ganz langsamen Sprecher, der es aber tief inwendig mit dem Wissen der Neunmalklugen wohl aufzunehmen wußte, schrieb sich den Spruch des alten Pfeil in sein Tagebuch.
Dann hob er seine Hand zum Zeichen, daß er ungeachtet der sozusagen abschließenden Worte des Försters noch etwas sagen wollte. „Bitte, Willi, möchtest du etwas ergänzen?" „Ja, wir haben wichtige Dinge vergessen." „Zum Beispiel?" „Man kann auch ohne Kompaß, ja, selbst ohne den Sonnenstand zu kennen, im Wald die Himmelsrichtungen bestimmen." „Und wie wohl?" „An der Wetterseite der Bäume." „Richtig!" „Der alte Pfeil hat sicher auch an Krankheiten gedacht, von denen Bäume befallen werden können, vielleicht auch an die Tiere des Waldes, die ein besonderes Verhältnis zu Bäumen haben." „Ja? Willi, du hast uns auf sehr wichtige Fragen aufmerksam gemacht. Wir wollen unsere Augen offen halten, wenn wir nun Tag für Tag gemeinsam an die Arbeit gehen. Möglich, daß ihr dann auch selbst Vorschläge machen könnt, wie wir hier im Wald ohne Verbotsschilder auskommen." Der Lehrer lobte: „Es freut mich sehr, daß ihr euch Gedanken macht! Ich meine, nun sollten wir aber unser Gespräch für heute beenden. Es wird Zeit, daß wir zum fröhlichen Teil des Abends übergehen."
Die Jungen und Mädchen machten schnell klar, daß sie miteinander vergnügt und ausgelassen sein konnten, ohne gleich über die Stränge zu schlagen. Und auch das gefiel dem Förster gut. Mit dieser Mannschaft würde es sich leben lassen.

Hans Bahrs

Der Krug

In Töpferhand bin ich ein Krug,
darin die Seele eingeschlossen betet:
„Hört mir nicht auf, Ihr Hände, knetet,
noch ist der Ton Euch weich genug!"

Was kann von meinem Zweck ich wissen?
Vor Ihm ist der Gedanke Trug
und Torheit! Was mich immer schlug,
Er blieb mir Meister und Gewissen,

wird brennen mich zur rechten Härte,
daß ich durchglüht so zum Gefäße
zum Inhalt seines Willens werde!
Verkünden will ich seine Größe,
wenn Schöpferhände mich umschließen,
um Wein in den Pokal zu gießen.

Werner Schriefer

Ewigkeit

Was Du als fremd erfühltest,
Gegen Dich gestellt,
Ist nun, da Du verkühltest,
Deine eigene Welt.

Die Grenzen sind verloren,
Das All ist aufgetan,
Du wurdest eingeboren
In lauter Sternenbahn.

Du kreist in Elementen,
Die alle ewig sind,
Willst Du betrübt vollenden,
Wo doch die Lust beginnt?

Das Ich versank, zerfiel.
Der Zufall fiel in Dir zu Staube,
Und lächelnd löste sich der Glaube
Als Sonnenrad im gnadenvollen Ziel!

Was braucht es da
Des Kreuzes und der Taube?

Hanns Johst

Ein getreues Herz

Ein getreues Herze wissen,
Hat des höchsten Schatzes Preis.
Der ist selig zu begrüßen,
Der ein treues Herze weiß.
Mir ist wohl bei höchstem Schmerze!
Denn ich weiß ein treues Herze.

Läuft das Glücke gleich zuzeiten
Anders, als man will und meint,
Ein getreues Herz hilft streiten
Wider alles, was ist feind.
Mir ist wohl bei höchstem Schmerze!
Denn ich weiß ein treues Herze!

Gunst, die kehrt sich nach dem Glücke,
Geld und Reichtum, das zerstäubt,
Schönheit läßt uns bald zurücke;
Ein getreues Herze bleibt.
Mir ist wohl bei höchstem Schmerze!
Denn ich weiß ein treues Herze.

Nichts ist süßer als zwei Treue,
Wenn sie eines worden sein.
Dies ist's, des ich mich erfreue,
Und sie gibt ihr Ja auch drein.
Mir ist wohl bei höchstem Schmerze!
Denn ich weiß ein treues Herze.

                              Paul Fleming

September — Scheidung

1. Samstag	
2. Sonntag	
3. Montag	
4. Dienstag	
5. Mittwoch	
6. Donnerstag	
7. Freitag	
8. Samstag	
9. Sonntag	
10. Montag	
11. Dienstag	
12. Mittwoch	
13. Donnerstag	
14. Freitag	
15. Samstag	
16. Sonntag	
17. Montag	
18. Dienstag	
19. Mittwoch	
20. Donnerstag	
21. Freitag	
22. Samstag	
23. Sonntag	
24. Montag	
25. Dienstag	
26. Mittwoch	
27. Donnerstag	
28. Freitag	
29. Samstag	
30. Sonntag	

Nur tapfere Völker haben ein sicheres Dasein, eine Zukunft, eine Entwicklung. Schwache Völker gehen zugrunde, und das von Rechts wegen.

Heinrich v. Treitschke

Festen Mut in schweren Leiden,
Hilfe, wo die Unschuld weint,
Ewigkeit geschworenen Eiden,
Wahrheit gegen Freund und Feind,
Männerstolz vor Königsthronen. –
Brüder, gelt es Gut und Blut:
Dem Verdienste seine Kronen,
Untergang der Lügenbrut!

Friedrich von Schiller

Guter Menschen Trägheit genügt, und das Böse wird siegen.
„Der Gescheitere gibt nach" – ein unsterbliches Wort. Es begründet die Weltherrschaft der Dummheit.

Marie Ebner-Eschenbach

Kunst

Schlechte Kunst zu überwinden,
braucht es keiner Leidenschaft:
wo wir nichts als Fratzen finden,
fehlt des Schöpfers Seelenkraft.

Suche nicht mit dem Verstande
deinem Kunstsinn zu entfliehn,
deines Herzens starke Bande
soll nur Echtes an sich ziehn.

Schöner Geist und echtes Streben
und zum Werk der feste Schwung
schafft ein wahres Welt-Erleben
in der Kunstbegeisterung.

                        Heinrich Ohlsen

Föhntag im Herbst

Nie im Sommer
flackten so
die flinken Wolkenfahnen
in der Bläue.
Nie im Sommer
bis hinauf auf Bergesgipfel
war die Luft so dünn
und der Ruf von weit so nah,
ein Schrei —
von dir zu mir?
Daß mir vor Schreck
die Äpfel
aus der Schürze fielen.

Ich wußte nicht,
daß du noch lebst,
so weit — so nah —
in diesem schon verlornen Herbst —

      Natalie Beer

Die braunen Blätter

Die braunen Blätter
im Lehm des Wegs, —
das gelbe Gras so müd
am Rand des Stegs, —
im Nebelgrau das Winterwetter
den Atem hält
der Welt.

Gebüsch mit toten Ästen
am Fluß. Im kalten Wind
in dort gelassnen Resten
spielt ein Kind. —

      Wolfdietrich Panter

Die Rache der Buben von Winkelhofen

In Winkelhofen hielt man zweimal im Jahre große Krautermärkte ab. Einen um Georgi, den anderen im Dezember. Der Georgimarkt brachte stets eine Menge Buden mit Sämereien, Gartengeräten und luftigen Sommerstoffen, während auf dem Dezembermarkt die Stände mit Lebkuchen und Baumschmuck vorherrschten. Zu beiden Märkten aber erschien der Schausteller Blasius Brücklmaier mit einer Schießbude und einem mächtigen Fliegerkarussell. Dieses wurde jahrelang durch Menschenkraft betrieben, und zwar durch die Buben von Winkelhofen. Um den Mast des Fliegerkarussells war ein buntbemalter, achteckiger Kasten herumgebaut. Dahinter liefen die Buben im Kreis, stemmten sich gegen das Gestänge und brachten den „Flieger" gewaltig in Schwung. Blasius Brücklmaier drehte dazu eigenhändig die Drehorgel. Nach je sechs „Fuhren" durften die Buben als Entschädigung für ihre schweißtreibende Arbeit einmal umsonst fliegen. Überdies bekamen sie von gutgelaunten „Fluggästen" öfter Fünfer und Zehnerln zugeworfen. So war das „Fliegertreiben" ein äußerst beliebtes Geschäft.

Große Bestürzung herrschte daher unter den Buben von Winkelhofen, als Blasius Brücklmaier zum Wintermarkt plötzlich mit einem Motor erschien, dessen Kraft das Fliegerkarussell samt der Drehorgel in Bewegung setzte. Der Motor war ein altes Klapperding. Er rasselte, fauchte und stank gewaltig. Doch er bedeutete immerhin technischen Fortschritt. Man bewunderte die Neuerung allgemein, und der Brücklmaier war nicht wenig stolz darauf. Nur die Buben umstanden finster blickend das Flugkarussell. Der Zorn der durch die Maschine brotlos Gewordenen wühlte in ihnen. Schließlich sagte der Xaverl: „Wenn da Brücklmaier no amal mit sein gräuslichen Stinkkasten daherkimmt, nachher tun mir ihm bei der ersten Fahrt was an!" – Und dabei blieb es.

Die Buben von Winkelhofen hatten ein halbes Jahr lang Zeit, ihre finsteren Pläne auszubrüten. Dann kam der Frühling, der Georgimarkt und mit ihm der Kettenflieger. Da war der

Racheplan fix und fertig. Die Buben hatten herausgebracht, daß sich der Abstellhebel, mit dem man den Motor nach Beendigung der Runden außer Betrieb setzte, aus der altersschwachen Maschine leicht herausziehen ließ. War der Hebel fort, konnte der „Flieger" nicht mehr angehalten werden. –

Morgens, vor Eröffnung des Marktes, machte regelmäßig die „Marktinspektion" ihren Rundgang. Sie überzeugte sich, daß die Buden am richtigen Fleck standen, bruchsicher gebaut und in Ordnung waren, und daß keine unerlaubten Waren feilgehalten wurden. Auch von der Betriebssicherheit des Kettenfliegers überzeugte sich die hohe Kommission jeweils durch eine kostenlose Rundfahrt. Die „Marktinspektion" bestand aus dem Winkelhofener Bürgermeister, dem Gemeindeschreiber, zwei würdigen Gemeinderäten und dem Dorfpolizisten. Blasius Brücklmaier begrüßte die hohen Herren als alte Bekannte und zeigte ihnen stolz seinen schön geputzten Motor. Die Oberhäupter von Winkelhofen schoben sich auf die schmalen Schaukelsitze, schnallten sich fest und wiegten sich bald zu den Klängen der „schönen blauen Donau" sanft im Kreise.

„Jetzt pack' ma's an!" flüsterte der Zunterer-Xaverl. Der Reischl-Alisi schlich sich mit indianerhafter Geschicklichkeit an den Motor heran. Ein Ruck, ein leichter Knacks, der Abstellhebel war weg und verschwand mit in Alisis unergründlicher Hosentasche. Niemand hatte die ruchlose Tat bemerkt. Der Alisi flüchtete schleunigst.

Die „schöne blaue Donau" verklang. Die Musik begann: „Wenn die Schwalben wiederkommen", Blasius Brücklmaier wollte das Karussell abstellen. Es ging nicht – – – –

„Hör auf! Es glangt scho! Wir hab'n uns von der Betriebssicherheit schon überzeugt!" rief der Bürgermeister aus der Höhe. „I kann nimmer abstelln! Der Hebel is weg!" schrie der Brücklmaier verstört. Im Verein mit einem halben Dutzend Hilfsbereiter kroch er auf allen Vieren im zertretenen Gras um den Flieger herum und suchte den Boden emsig nach dem verschwundenen Hebel ab. Die Buben schauten aus sicherer Entfernung boshaft grinsend zu. Der Motor lief

sich allmählich heiß. Immer schneller kreiste der Kettenflieger. Seine Metallteile blitzten und funkelten in der strahlenden Frühlingssonne. Die Drehorgel klimperte die „schöne blaue Donau" schon zum sechsten Male als einen wilden Wirbeltanz. In rasender Geschwindigkeit folgten die „Schwalben", „Ach, wie ist's möglich dann" und das „Herz von Heidelberg". Dann begann wieder der Donauwalzer. Die Schaukeln an den langen Ketten flogen in weitem Bogen hoch über dem Boden im Kreise.
„Aufhör'n! Aufhör'n!" schrie der Gemeinderat Obermoser.
„Aufhör'n! Aufhör'n!" zeterte der Bürgermeister. „Mir wird schlecht. I muß speib'n!"
Mit dem Erfolg, daß alle Umstehenden mit dem entsetzten Ruf: „Der Bürgermeister speit!" eilig aus dem Umkreis des Fliegers flohen. Der Hut des Gemeindeschreibers flog herunter. Die Kappe des Dorfpolizisten folgte. Ein Taschentuch kam geflattert, und schließlich plumpste auch das falsche Gebiß des Gemeinderates Obermoser aus der luftigen Höhe herunter. Die Musik spielte gerade „Ach, wie ist's möglich dann, daß ich dich lassen kann – "
Die Maschine war schon glutheiß. Sausend kreiste der Flieger. „Holt's die Feuerwehr!" tönte die verzweifelte Stimme des Dorfoberhauptes.
Man rannte zum „Feuertrompeter", dem Schmiedmeister.
„Wo is denn der Feuerwehrkommandant?" fragte der.
„Der Feuerwehrkommandant? Ja, der Gemein'schreiber hängt ja droben im Flieger!"
„So? und der Kommandant-Stellvertreter?"
„Der Obermoser? Ja, der saust auch da droben in der Luft herum!"
„Dann blas' i net!" sagte der Schmiedmeister und hing die Feuertrompete wieder an die Wand. „Ohne Kommandanten kann d' Feuerwehr net ausruck'n. Was täten denn mir, bal uns niemand kommandiert?"
Also war es nichts mit der Hilfe der Feuerwehr. Die Dorfoberhäupter blieben weiter „Gefangene der Luft" und wirbelten seekrank rundum, immer rundum. Ganz Winkelhofen umstand händeringend das Fliegerkarussell.

„Da kann man halt nix machen!" meinte der Schmied. „Da muß man halt warten, bis der Motor von selm abläuft!"
„Oh mei, oh mei," jammerte der Brücklmaier, „i hab' do den Motor heut früh erst frisch aufg'füllt. Dös Benzin g'langt mindestens für drei bis vier Stund'!"
Verzweiflungsschreie gellten aus der Höhe. Die bösen Buben in der Ferne hüpften vor Vergnügen. Da kam der Förster Pointner mit dem Gewehr über der Schulter des Wegs. Er gesellte sich zu der Volksversammlung vor dem Fliegerkarussell und ließ sich ausführlich von dem Unglück berichten.
„Da hilft nix! Da müssen wir den Motor halt derschießen!" erklärte der Pointner. Dem Brücklmaier gab es einen Stich. Aber was wollte er machen! Der Förster legte das Gewehr an. Bumm – Der Schuß saß im Motor, war aber offensichtlich kein Blattschuß. Der Flieger wurde vielmehr erst recht wild. Gleich einem Nebelring ohne Anfang und Ende sausten die Kettenschaukeln rund um den hohen Mast. Bumm – bumm – weiter nichts! Erst beim vierten Schuß gab es einen gewaltigen Knall. Der Motor explodierte. Seine Trümmer spritzten nach allen Seiten. Aber der Flieger schwang und stand. Käsweiß, halbtot wurden Bürgermeister und Gemeinderäte, Schreiber und Polizisten aus den Schaukeln gezogen.
Der Gemeindeschreiber hütete acht Tage lang das Bett. Das Gebiß des Gemeinderates Obermoser war in der Aufregung zertreten worden. Der Bürgermeister aber verbot, kaum daß er sich ein wenig erholt hatte, sofort ein für allemal streng das Aufstellen von Kettenfliegern auf den Märkten von Winkelhofen. Sophie Droste-Hülshoff

Birnen

Weißt du, wie hoch die Birnen hängen
In Nachbars Garten alle Zeit?
Als ob sie bis ins Alter sängen,
So deucht es mich sogar noch heut.

Ich seh die saft'gen Honigfrüchte,
Die ich als Schüler einst geklaut . . .
Ich überleg, was ich gern möchte
Und denk, was ich mich einst getraut . . .

Auch heut ist jede Birne hoch und weit,
Doch zum Pflücken, zum Pflücken fehlt uns der Schneid.

Hans-Jürgen Evert

Der blaue Teller

Jedes Menschen Lebensgeviert birgt seine kleinen Geheimnisse, um die sich liebe Erinnerungen ranken. Nicht immer müssen es Gegenstände von hohem materiellem Wert sein, die uns lächeln machen in stiller Stunde der Betrachtung.
Da kramt man aus einer alten Truhe einen bunten Fächer, von dem die Mutter schon erzählte, daß die Urahne ihn einst in glücklichen Tagen als junge Braut zum Ball getragen. —
Schwer wiegt in deiner Hand der breite Altgoldreif des Großvaters, den vor langer, langer Zeit der greise Pfarrer der kleinen Seefahrerkirche an der heimischen Küste beim gewichtigen „Ja" auf seinen Ringfinger drehte. Eine Handvoll alter Briefe in steiler Schnörkelschrift, liebevoll mit rotem Band bebunden. Gebliebene und gerettete Kostbarkeiten, den Feuerstürmen hinter uns entrissen.

Man lächelt beim Betrachten leise nach innen und sinnt Dingen nach, die alle ihre kleine Geschichte haben und plötzlich wieder Leben annehmen. Vertraute Gesichter lieber Menschen stehen im Raum. Ihre schweren und glücklichen Stunden des Daseins schauen wie Schattenbilder von der Wand und geben uns Kunde, daß die Gewesenen letztlich doch den gleichen harten Gesetzen unterworfen waren und genau wie die heutige Generation ihre kleinen Schmerzen und großen Freuden durchs Leben trugen. Doch bei allem wächst die unbändige Kraft des Blutes aus der Tiefe der Geschlechter wie ein stiller Trost in den eigenen Abend. –
Aber diese Betrachtung gilt einem blauen Teller, einem simplen Stück Massenware, der auf dem Bord unseres zweiten Lebens seinen so gewichtigen Platz erhielt, weil er der einzige Gegenstand aus unserer alten, glücklichen Welt war, der sich gleich uns durch die dunklen Jahre deutscher Not bis nach hier rettete.
Seine Odyssee begann in einer dunklen Maiennacht jenes schicksalsschweren Jahres, als Millionen Menschen die große Reise von Ost nach West antraten. Der Jäger, nun zum Gejagten geworden, hatte sich mehrmals durch die feindlich besetzten Gebiete geschlagen, um in der Sterbestunde des Reiches bei seinen Lieben zu sein. Als er mit harter Hand zu später Stunde an die Fenster des kleinen Sommerhäuschens pochte, wußten alle Bewohner um den bitteren Ernst der Stunde.
Grell standen die Feuer rundum. Selbst auf See brannten lichterloh die Fackeln der zusammengeschossenen Schiffe mit ihren jämmerlichen Menschenfrachten. Es gab keine Gnade in jenen Tagen des infernalischen Schlußpunkts einer Zeit, die den Beginn neuer und noch größerer Grausamkeiten in sich barg.
Alles ging dann sehr schnell. Zeit zum Abschiednehmen blieb nicht. Ein guter Fischerfreund stelle uns sein einziges Boot zur Verfügung, mit dem wir im Morgengrauen ins Ungewisse stießen. Zwei kleine Handköfferchen bargen das Notwendigste. Das Herz der Eltern war schwer, weil sie wußten, daß dieser Ausweg in die Freiheit große Gefahren

mit sich brachte. Nur die Kinderschar war guten Mutes, als gehe es kühnen Abenteuern entgegen.
Sehr bald fiel dann auch das Feuer auf unser kleines Schiff. Schmerzliche Fahrt, Tod und Verderben rundum auf der weiten Wasserwüste. Brennende Schiffe, vollgeschlagene Boote, stillgewordene Schicksalsgefährten, die leblos in den Schwimmgürteln hingen; letzte Rettung sollten sie sein.
Hunger und Durst quälten die Insassen des immer noch schwimmenden Bootes, das sich in der Einsamkeit der ungebärdigen See wie ein Strohhalm ausnahm. Einzelheiten jener schmerzlichen Fahrt entschwanden dem Gedächtnis. Nur jener Augenblick blieb unserm neugeschenkten Leben haften, als uns hilfreiche Hände aus dem Wasser fischten und an den Strand der fremden Küste absetzten. Arm, bar jeder Habe waren wir nun. Freilich das nackte Leben war uns geblieben. Nur der kleinste Steppke hatte sich in seiner Not fest an seinen Kinderrucksack gekrallt und ihn nicht losgelassen. So rettete er uns einen Trinkbecher, sein kleines Eßgeschirr und seinen blauen Teller.
Die Jahre in der Fremde gingen hin in Armut, Arbeit und bitterem Heimweh. Doch der unbändige Wille zum Leben machte uns trotzig und ließ uns gläubig das neue Haus zimmern. Der Nachwuchs der Gebrandmarkten, die Kinder, sind längst aus dem Haus. Sie fanden keinen Raum in der Herberge, und der Haß verstellte ihnen früh den Weg in den Aufstieg. Alle verließen die Heimat und suchten ihr Brot in der Fremde. Alle fanden Amt und Ehren in dem Land gegenüber den heimischen Küsten.
Die junge Generation stammte aus alten Bauern und Seefahrergschlechten, sie brauchte das Urelement, die rollenden Wogen, weiße Segel, Sturm und Möwenschrei. An hellen Sommerabenden stehen sie oft an ihren Küsten und suchen die Strahlenbündel der Leuchttürme von Kolberg und Swinemünde, dem unter fremder Herrschaft stehendem Land, das ihnen Heimat war und immer bleiben wird.
Und wenn sie heimkehren zu den Festen ins stillgewordene Elternhaus im Schwarzwald, beginnt stets die wundersame Zeremonie um den kleinen blauen Teller. Blank und klar

steht er auf dem Bord zwischen den Gegenständen, ohne die wir nicht sein mögen: Krüge und Leuchter, Masken und Blaker, Teller aus Zinn, Kupfer und Holz, jene wärmenden Dinge, die uns die Stunden des Abends verschönen.
Die Kerzen werden entzündet. Die Gedanken wandern leise zurück in die alte und heile Welt von einst, die in Nacht und Not versank: Zu dem alten Fachwerkhaus in den tiefen Forsten am pommerschen Haff, dem breiten Kapitänshaus auf dem grünen Inselland, dem glücklichen Ferienziel, der Geborgenheit unter den Dächern der Großeltern, wo unser aller Dasein mit kleinen Trippelschritten begann, hinein ins große Abenteuer Leben. Und die Gedanken verharren bei einem weißen Haus am blauen Oderstrom, wo wir das eigene Lebensglück zimmerten und große, gute Geister ein- und ausgingen, bis das Schicksal uns aus dem Paradies vertrieb. –
Schwer sind dann die Gedanken des Jägers, die noch dunklere Wege gehen. Er sieht sich in nächtlicher Stunde in seinem Revier, auf den Spaten gestützt, schon von den Feuern umloht, sein Werk vollenden. Sieben Fuß unter der guten Walderde seiner Heimat versinken die Kostbarkeiten des Hauses: die Sammlung der Krüge und Leuchter, die handsignierten Bücher der Freunde, die Gemälde und Waffen, das Krummschwert aus dem fernen Osten, das ihm ein Sohn jenes Landes in einer guten Stunde schenkte. Das eigene Lebenswerk, Bücher, Mappen und Manuskripte, die Madonnen der befreundeten Bildhauer. Alles ruht, in Kisten verpackt, unter den Soden des heimatlichen Waldes. Daß sich unter den vergrabenen Gegenständen ein besonders schöner Original Lehmbruck befindet, vollendet die Tragik. Keine Hand wird diese Schätze jemals haben, es sei denn, der Besitzer könnte jemals mit Karte und Kompaß an diesen heimlichen Ort zurückkehren.
Das alles bewegt den Kreis der Lieben, wenn die Kerzen still unter dem blauen Teller flackern. Licht und Widerschein machen uns lächeln über den Sinn und Unsinn dieser Zeit, die Häuser und Heimat hinter uns versinken ließ, uns das bittere Brot der Fremde zu kosten gab.

Aber dies ist das Tröstliche der Stunden: Helle und heitere Gesichter der Freunde und Nachbarn von einst spiegeln sich in der Glasur des Tellers wider. Fröhlichgläubige und pflichtbewußte Menschen, die mit uns am Werk waren, von denen die meisten das rettende Ufer nicht mehr erreichten. – Wenn sich am Abend von den grünen Bergen her das goldene Licht in der Rundung des blauen Tellers verfängt, wird alles so wundersam tröstlich in den Herzen zweier alter Menschen, deren Gedanken unlösbar mit allen Fasern wurzeln in den grünen Wäldern und blauen Küsten des alten Urgrunds ihrer versunkenen Heimat, wie es keine schönere geben kann auf der runden Mutter Erde: Pommern, das weite, unendliche Land mit seinen hohen Himmeln, unendlichen Horizonten, dem Seeadlerhorst im eigenen Revier, den schrillen Mövenschreien über den grünen Waldmeeren, versunken wie Vineta und Rungholt im brausenden Meer der Zeit.

Richard Wolff

Einem Zweifler

Sag' nicht: Das ist nicht vorzustellen,
Nicht auszudenken! Eines Tages
Erscheint ein Mensch bestimmten Schlages
Und steigt hinunter zu den Quellen.

Und trägt vom Urborn der Natur
Zwei Hände voll ins lichte Leben.
Und als Erfahrung bleibt gegeben,
Was Vorzeit nur als Traum erfuhr.

Und wie sie kommen all und trinken,
Verwandelt Sinn sich und Gesicht:
Wie Schleicher scheint's hinwegzusinken,
Und Dunkelstes wird seltsam Licht.

Christian Morgenstern

Herbstgedanken

Was sich im Frühling knospend aufgetan
und was im Sommer Form und Kraft gewann,
das findet sich in reifem Herbst erfüllt
als eines reichen Jahres letztes Bild.

So auch das Dasein, wie es uns geschenkt;
die Jugend erst, die alle Fesseln sprengt,
die Reife dann, die sich dem Leben stellt –
zuletzt ein Lächeln nur für diese Welt.

Ein Lächeln, das schon um Vollendung weiß,
um Unentrinnbarkeit aus einem Kreis,
der alle Dinge nach Gesetz erschließt –
... ein leises Lächeln, das Verzeihen ist.

                        Elfriede Frank-Brandler

Jugend 1939

Sie zogen schweigend in den Krieg,
wohl wissend um ihn,
seine Schrecken, sein Grauen,
Ihre Väter hatten genug erzählt,
aber sie zogen.

Sie stürmten durch Polen, verharrten am Westwall,
übersprangen die Inseln der Dänen,
erkletterten Norwegens Küste
und krallten sich an die Fjorde,
überspülten ganz Frankreich,
wälzten sich durch die Täler des Balkan
und glühten im Geröll und Sand der Sahara,
und sie zogen.
Sie sprengten die Tore Europas.

Sie quälten sich durch Wälder, Sümpfe und Steppen
sowjetischen Landes,
begeistert begrüßt mit Symbolen der Freundschaft:
Salz und Brot reichte man ihnen,
doch dann kam der Schlamm und der grimmige Frost,
aber sie blieben und hielten die gewaltige Front
vom finnischen Nordkap bis hin
zum Ufer des Schwarzen Meeres.
Sie strömten noch einmal weiter gen Osten,
das erste Grün war dem Winter gewichen,
sie sahen die Wolga und die Gipfel von Kaspek und Elbrus,
doch wieder kam jener unheimliche Winter,
sie packend und würgend in feindlicher
gewordene Umwelt, feindlich geworden, weil die,
die sie führten, erobern wollten,
statt Ketten zu sprengen.

Sie gruben sich ein, verbissen sich wehrend,
die Sense des Todes lichtete laufend die Reihen,
Lücken entstanden, feindliche Durchbrüche wuchsen

sich aus zu gewaltigen Strömen,
im Rücken näherten sich die Grenzen des eigenen Landes,
das zerbombt und zerborsten sich darbot,
doch kapitulieren konnten sie nicht.

Sie bäumten sich auf, das Wirken des Feindes
auf eigenem Boden vor Augen,
doch lahmte die Kraft, die Zahl derer, die sie berannten,
wuchs zum Orkan, die Meute zu zahlreich,
das Inferno zu groß.

Und wieder zogen sie schweigend gen Osten
mit schlürfendem Schritt in die Lager des Sterbens,
abgewrackt zu wankenden Skeletten,
geschmäht vom Sieger, zerbissen von Läusen,
vom Hunger gezeichnet, von Familien getrennt.

Doch die, die durch ein Wunder gerettet
den heimischen Herd nach Jahren dennoch erreichten,
krempelten erneut die Arme nach oben und schufen
in Trotz und Opferbereitschaft das neue Land.

So durchlebte diese Jugend, geboren vor, im und nach
dem ersten großen Völkerringen.
eine herrliche Zeit in den Bünden der jungen Jahre,
eine grauenvolle in den Jahren des Krieges,
eine schreckliche im Warten auf Heimkehr
hinter Stacheldraht,
eine harte in Beseitigung der Trümmer, der vernichteten
Existenzen,
fürwahr ein volles Leben. Oder noch mehr?

Konrad Friesenhahn

Schicksale und Begegnungen

Karl Groner in Seattle war recht alt geworden. Er hat einmal Gröner geheißen. Aus dem ö hat er ein o gemacht, weil sich die Amerikaner daran fast die Zunge brachen. Sein Vater war Aktuarius in Heilbronn, Exekutionssekretär in Stuttgart, Stadtschultheiß in Kirchheim unter der Teck und nachher in Göppingen am Fuße des Hohenstaufen gewesen. Dort war er geboren und aufgewachsen. Er war dann in das stille und weltabgelegene theologische Seminar im alten Kloster Schöntal gekommen. Dort ist es ihm aber bald äußerlich und innerlich zu eng geworden, so daß er meinte, in den alten feierlichen Räumen keine Luft mehr zu bekommen. Er brannte eines Abends durch und ging nach Amerika, im Alter von fünfzehn Jahren und drei Monaten, ganz auf eigene Faust und ohne daß seine Eltern etwas wußten. Ei, meinte ich, da sei er aber noch ein arg junges Bürschlein gewesen, wie es ihm denn da zumute gewesen sei? „Sehr gut", sagte er froh und fidel, denn er sei ja nun frei gewesen wie ein Vogel in der Luft. Er hat dann hart durchmüssen. Bei einem Onkel hat er in einem Eisenwarengeschäft um fünfundzwanzig Dollar im Jahr gearbeitet. Dann hat er sich ein Ruderboot gekauft und ist mit einem Freund wochenlang den Mississippi hinuntergefahren bis nach New Orleans zur Weltausstellung. In Chicago hat er als Bauarbeiter gelernt und als Architekt studiert. Er hat viele Kirchen und Schulen geschaffen, und er meinte, er habe seinem Herrgott doch noch dienen können. Man kannte Karl Gröner an der ganzen Westküste Amerikas. Er ist nie mehr heimgekommen. Warum? Danach habe ich ihn nicht fragen mögen. Er hat die Heimat aber nie vergessen. Er habe oft Heimweh gehabt, und wenn er mehr Zeit gehabt hätte, wäre dies wohl noch öfter gewesen.
Als ich mich verabschiedete, gab er mir einen Brief. Es sei kein Geld darin, sagte er, denn davon hätte ich, meinte er, sicher genug. In dem Umschlag sei das einzige Gedicht, das er in seinem Leben gemacht habe, erst im letzten Jahr. Ich dürfe den Brief erst aufmachen, wenn ich wieder einmal auf dem Hohenstaufen stehe und ins Land hinausschaue. Ich

Straßburg, das Münster

habe mich daran gehalten. Der Wind blies frisch, als ich auf dem schönen Kaiserberg das einzige Gedicht Karl Gröners las:

Ruhmbekränztes Land der Staufen!
Eiernudla, Leberspätzla,
Sauerkraut und Laugabrezla!
Warum bin ich weggelaufen!

*

Ich ritt von Ort zu Ort und hörte, wie die Kinder vor den Häusern redeten und sah, was die Männer taten und wie die Frauen ihre Gärten und ihre Krautbeete richteten. Und einmal band ich das Pferd an den Zaun eines Friedhofs, trat ein und sah schon an den ersten Grabsteinen, daß dies der Friedhof der Zillertaler war, die vor eines Erzbischofs Unduldsamkeit nach Schlesien geflohen und dann weitergezogen waren bis in dieses Land Chile am Fuß der Vulkane. Unter einem Bäumchen voll roter Rosen war ein kleiner Stein. Darauf stand geschrieben: „Als Kind in Tirolens Bergesluft, als Jungfrau in Schlesiens Blumenduft, unter Kindern und Enkeln am stillen See fand sie Ruhe im Lande Llanquihue."
Karl Götz

Das Gleichnis mit den Hengsten

„Ich will euch etwas fragen", sprach der Vogt mit Zögern zu den Männern, „und ihr sollt mir raten."
Die Männer rückten ein wenig näher. Der Vogt nahm einen bedächtigen Schluck aus dem Tonbecher, dann begann er: „Ein Händler bot mir zwei Hengste zum Kauf. Ich sprach: ‚Leihe sie mir, ich will sie versuchen.' Da ließ mir der Händler die Hengste. Ich tat sie in den Stall zu den Rindern. Nun hört, was die Hengste tun:

Den einen stellte ich neben die Rinder. Da wurde er böse, schlug aus, wieherte wild und biß die Ochsen und Kühe. Die Rinder drängten sich zitternd in der Ecke des Stalles zusammen. Der Hengst aber fraß das Heu, das den Kühen gereicht war, dann legte er sich breit in die Streu, die doch für alle geschüttet war. Die Rinder verbrachten stehend die Nacht. Am anderen Morgen spannte ich den Hengst vor den Wagen und gab ihm einen Ochsen zum Gesellen. Als der Hengst den Ochsen neben sich roch, zerriß er die Stränge, stieg und schlug mit den Hufen den Ochsen. Mit der Stute aber ging er gut im Gespann." – Der Vogt hielt inne.

„Einen wunderbaren Hengst hast du da", sprach Furche nachdenklich.

„Hört weiter", sagte der Vogt. „Der andere Hengst aber ist gut. Er steht ruhig neben den Rindern. Er frißt nicht mehr, als ihm zukommt, er teilt die Streu mit den Kühen. Willig zieht er den Wagen neben dem Bremmer. Nun sprecht, welchen der Hengste soll ich wählen?"

Mareike hörte auf mit dem Geschirr zu klappern. Sie blickte gespannt nach dem Tische der Männer.

Gude hub an: „Einem jeden Geschöpf gab Gott Luft, Wasser und Nahrung. Es reicht für alle, wenn sie verträglich sind. Behalte darum den sanften Hengst, er tut nach dem Willen Gottes, des Herrn." So sprach Gude, und Mareike sah seine Augen von einer tiefen, gütigen Bläue.

„Was rätst du mir, Furche?" fragte der Vogt. Furche trank seinen Becher leer, dann schob er ihn von sich und legte seine Faust schwer auf den Tisch. „Der Fuchs frißt den Hasen, und der Bär schlägt den Fuchs. Gott will, daß der Starke den Schwachen verdrängt. Behalte den herrischen Hengst." Und er schlug mit den Knöcheln hart auf den Tisch.

Da erhob sich der Vogt. „Furche soll Vogt sein an meiner Statt. Aber bevor er befiehlt, soll er Gude fragen." So ward es beschlossen und abgemacht.
Hans Venatier

Einmal

Einmal,
wenn ich wiederkommen werde,
vielleicht als einer,
der den Morgen in sich trägt
und keinen Abend,
werde ich Blumen binden.

Einmal,
wenn ich wiederkommen werde —

Wird es da noch Blumen geben?
Oder wird Herbst sein?

Mein ganzes Leben
wollt ich immerzu
nur Blumen binden,
und immer sind sie mir verdorrt
Werde ich wiederkommen?

Ich habe einen Vogel gesehen,
weiß und rot.
Er leuchtete königlich
unter den Krähen und Spatzen.

Aber sein Blick war traurig.
Und sein Flug schwer.
Denn das Rot war Blut,
es war eine Möve.

     Konrad Windisch

1. Montag
2. Dienstag
3. Mittwoch
4. Donnerstag
5. Freitag
6. Samstag
7. Sonntag

Nur der lebt lebenswert das Leben,
der bis zuletzt das Rechte tut.

Walther von der Vogelweide

8. Montag
9. Dienstag
10. Mittwoch
11. Donnerstag
12. Freitag
13. Samstag
14. Sonntag

Vom Geist der Freiheit
schwärmen stets die Besten.
Die andern füllen sich derweil
die (weißen) Westen.

Fred Zaczyk

15. Montag
16. Dienstag
17. Mittwoch
18. Donnerstag
19. Freitag
20. Samstag
21. Sonntag

Deutschlands Not
ist nicht der Nibelungen Not.
Damals sind viele gefallen,
heute sind zu viele umgefallen!

Herbert Böhme

22. Montag
23. Dienstag
24. Mittwoch
25. Donnerstag
26. Freitag
27. Samstag
28. Sonntag

Der Pöbel
speichelt seine Beute
durch Lobsprüche ein.

Ernst Jünger

29. Montag
30. Dienstag
31. Mittwoch

Schöne Mondnacht im Oktober

Als größte Goldfrucht, die der Herbst gereift,
Als aller Früchte rundeste und beste
Hängt hell der Vollmond hoch im Krongeäste,
Das schon der Blätter viele abgestreift.

An ihm vorbei, getrieben sanft vom Weste,
Der leise rauschend in die Wipfel greift,
Die Herde weißer Wolkenschafe schweift,
Als wenn sie auf der Sternenwiese äste . . .

Wegbäume, die orangen aufgestrahlt
Im Mittagsblau, sind in dem bleichen Lichte
Zu einem matten Bronzeton verfahlt.

Wie gleichst du, Land im Mondglanz, dem Gesichte,
Auf dem schmerzlächelnd sich Erinnerung malt
Beim Wiederlesen früher Lenzgedichte . . .

Heinrich Anacker

Heimat

In dunklen Stunden strahlt uns ein Licht,
wenn wir irrend wandern durchs Leben,
fremdes Gezweig uns ins Antlitz sticht,
vor fremdem Laut wir erbeben.

Man stößt an die Finsternis, an den Wald,
und irrt umher auf den Straßen,
in anderen Ländern ist alles so kalt,
so wirr anderer Städte Straßen.

Es fröstelt selbst in der Sommerzeit,
verbreiten Lampen auch Helligkeit,
sie bannen das fremde Dunkel nicht.

Doch winket die Heimat noch so weit,
dann weicht von uns alle Bangigkeit,
und es erstrahlt im Dunkel ihr Licht.

A. W. Böhm

Abschied von den Leierkästen

Das Leben ist kein Zuckerschlecken, wer wüßte es nicht? Es mag seine Gründe haben, warum es unsere Bäume nicht in den Himmel wachsen läßt. Immer wieder beschert es uns daher nach seinem unerforschlichen Ratschluß Tage, an denen uns rein alles in die Binsen geht. Und was das Schlimmste ist, wir haben niemanden, dem wir die Schuld für unser Elend in die Schuhe schieben können. Wenn nicht alles täuscht, ist es sogar das Schicksal persönlich, das uns all diese Schläge fein säuberlich zumißt. Es erweist sich sogar als unerschöpflich in seinen Einfällen, wenn es gerade wieder einmal dabei ist, uns eins auszuwischen. Und doch, so grausam ist es nun auch wieder nicht, daß es uns nicht hin und wieder eine Verschnaufpause gönnen würde. Manchmal genügt sogar eine Handvoll Musik, um uns wieder ins rechte Lot zu bringen. Ja, mitunter sind sogar schon ein paar Töne aus einer alten asthmatischen Drehorgel Balsam für unsere geschundene Seele.
Ach, man braucht nicht bei jeder Gelegenheit gleich Beethoven oder Bruckner zu bemühen. Ihre Kunst in allen Ehren! Aber zur Not richtet eine triviale Drehorgelmelodie, wie sie gerade in aller Munde ist, schon wahre Wunder aus. Aber was wissen die Leute noch von der Magie des Einfachen? Was mich betrifft, so stören mich jedenfalls ein paar falsche Töne oder selbst hanebüchene Dissonanzen nicht im geringsten, wenn mich das Schicksal wieder einmal so überaus gründlich beim Wickel hat und mich Mores lehren möchte.
Da steht man nun am Fenster und lauscht und lauscht. Es ist natürlich wieder einer jener endlosen Herbstabende, wie man sie von seiner Kindheit her liebt. Der Wind macht sich an den letzten Blättern zu schaffen. Der Tag löscht über den Dächern aus. Die Zeit scheint stillzustehen. Nur ein paar verspätete Leute gleiten noch gespenstisch vorüber. Ja, da weht sie mit einem Male auf, die Urgewalt der Musik. Sie erhebt sich groß aus den Abgründen der Stadt, und ich muß schon sagen, sie verfügt über den Zauber, das Innerste in uns um- und umzukehren.

Einem Simpel wie mir jedenfalls geht so eine Musik immer noch zu Herzen. Natürlich würde auch ich mich lieber auf den Höhen der Kunst bewegen und mich ein wenig in ihrem Glanz aalen, ich kann es nicht leugnen. Allein, die Gaben, die mir die Natur in die Wiege legte, reichen offenbar vorn und hinten nicht aus, um mich über die Anfangsgründe der Künste, auf die ich mich einließ, hinwegzutragen. Sie hat mich wohl überhaupt immer ein bißchen stiefmütterlich behandelt, das muß ich schon sagen. An meinem guten Willen jedenfalls kann es nicht gelegen haben, daß ich bei all meinen musikalischen Eskapaden ein Stümper blieb, so sehr ich mich dabei auch ins Zeug legte.

Kein Wunder, daß ich längst die Waffen gestreckt habe, aber bei meiner unwiderstehlichen Schwäche für eine handfeste Musik, die nicht viel Federlesens macht, ist es dann geblieben. Sie ist mit den Jahren eher noch gewachsen. Und sagt, was ihr wollt, muß es nicht auch für uns Zukurzgekommene eine Musik geben, die uns ein paar Funken aus unserer lahmen Seele schlägt?

Natürlich laß ich mich nicht lumpen und besuche hin und wieder ein Konzert in der Stadt. Zuweilen hole ich meinen dunklen Sakko aus dem Schrank, um mich für eine Stunde oder zwei unter lauter feinen Leuten zu bewegen. Ich weiß ja schließlich, was ich meinem Ansehen schuldig bin. Aber um bei der Wahrheit zu bleiben: in der Regel kehren Ruhe und Gleichmut erst dann in mein aufgestörtes Herz zurück, wenn dieser organisierte Lärm verstummt und der befrackte Taktschläger da oben auf dem Podium seinen Stab aus den Händen legt.

Ach, ich gäbe schon etwas darum, könnte ich diesen vulgären Zug meines Wesens verleugnen. Aber es besteht leider nur wenig Aussicht, daß ich in diesem Leben noch einmal ein feiner Mann wie andere werde. Und so soll es bis ans Ende meiner Tage dann getrost bei meiner Vorliebe für Leierkästen bleiben. Schießlich muß es ja auch eine Musik für unsereinen geben, den das Schicksal so sträflich vernachlässigt hat, so eine Handvoll abgedroschener Melodien für Kinder und Narren, meine ich. Und vielleicht versteht ihr nun meinen

Kummer darüber, daß die Leierkästen mehr und mehr von den Hinterhöfen verschwinden.

Ach, hätte ich es in meinem Leben doch wenigstens zu Sitz und Stimme im Senat gebracht! Nun wäre wahrhaftig die Reihe an mir, eine Rede vor den Honoratioren zur halten, die sich hören lassen kann. Zugegeben, die Kunst des Improvisierens ist nie so recht meine Stärke gewesen. Ich überlasse dieses schweißtreibende Geschäft in der Regel gern anderen, denen es mehr Freude macht, wenn sie ihre hausbackenen Gemeinplätze an den Mann bringen. Ich jedenfalls ziehe es vor, die meinen für mich zu behalten.

Um Gottes willen, so etwa würde ich mich nun ereifern, habt doch ein Nachsehen und laßt das bißchen Poesie in dieser Welt nicht vollends vor die Hunde gehen! Faßt euch ein Herz und schafft Planstellen für Leierkastenmänner! Ja, alle Reste meiner einstigen Beredsamkeit würde ich aufbieten, um ein drohendes Verhängnis abzuwenden, alle meine guten Argumente würde ich zusammensuchen, nur um ein bißchen Eindruck zu schinden.

Aber was geschieht? Ich starre nur in starre und regungslose Gesichter und vernehme nichts als ein verlegenes Räuspern.

Gleich, was an mir lag, hab' ich getan. Gott ist mein Zeuge. Aber was in aller Welt kann schon ein einzelner gegen die Trägheit des Herzens ausrichten? Und so wird dann wohl alles beim alten bleiben: Auch die letzten Leierkästen werden aus dieser entzauberten Welt verschwinden, und die letzte Romantik wird unter die Räder geraten. Wer aber in aller Welt soll mich nun trösten, wenn das Schicksal wieder einmal so überaus eifrig dabei ist, seinen blödsinnigen Schabernack mit mir zu treiben?

Gustav Sichelschmidt

Herbstmorgen

Letzte Sänger reden
Leise im Gesträuch,
Spinnenwebefäden
Schweben überm Steig.

An den Fäden hängen
Perlen blanken Taus;
Ihre Seelen drängen
In den Tag hinaus.

Nun durch Nebelschwaden
Erste Sonne bricht;
Kleine Perlen baden
Sich in Glanz und Licht.

Und im Freudesingen
Zittern sie vereint,
Bis die Fäden springen
Und — die Sonne scheint.

      Ernst Behrends

Spätherbst

Durch dicke Nebelschwaden
Bricht erster Sonnenstrahl . . .
Vom Tau gebeugt, beladen
Ist jeder Halm im Tal . . .

Es glitzert an den Bäumen
Schon silbrig Graupelschnee,
Und gurgelnd — voll mit Schäumen —
Stürzt sich ein Bach zum See . . .

Das Laub in leuchtend Farben —
Tiefrot am Buchenstamm —
Fällt auf den See in Scharen —
Schwimmt mit dem Wellenkamm.

Es scheint ein Fest der Toten
Im Sonnenlicht verklärt —
Doch sieh — als Frühlingsboten
Sich schon ein Weidentrieb erklärt.

Hans-Jürgen Evert

Der vergessene Posten

Lieben, heute schon längst zum Stadtteil von Prag geworden, lag einstmals, als selbständige Ortschaft moldauabwärts der alten Prager Vorstadt Karolinenthal vorgelagert, als ein Kaisergeschenk Ferdinands III. (1637—1657) an die Prager Bürger für die tapfere Verteidigung der Goldenen Stadt gegen die Angriffe der Schweden.
Am nördlichen Ausgang dieser Ortschaft, in Ober-Lieben, befand sich zur rechten Seite der Straße auf einem Hügel ein kastellartiges Gebäude, allgemein nur unter der Bezeichnung „Zum vergessenen Posten" bekannt. Vor diesem Hause stand lange Zeit — ob heute noch, ist allerdings kaum anzunehmen — eine lebensgroße, in Blech getriebene Figur eines preußischen Soldaten in friderizianischer Uniform. Dieser Soldat ist der Held folgender merkwürdiger Geschichte, die noch heute immer wieder gerne erzählt und gehört wird:
Den kaiserlichen Truppen gelang es Ende November 1744, den Großen König klug taktierend aus Böhmen hinauszumanövrieren und ihn dadurch um alle Früchte seiner Erfolge im glänzend begonnenen Zweiten Schlesischen Krieg zu bringen. Der preußische General Graf Einsiedel mußte deshalb überstürzt mit seinen Truppen Prag räumen. Da in allen Straßen und Gassen österreichische Reiterei vordrang, war beim Abzug höchste Eile geboten. So gelang es auch nicht immer, die in den umliegenden Dörfern verstreuten Abteilungen rechtzeitig zu warnen und abzuziehen. Sie gerieten deshalb meistens in Gefangenschaft oder wurden von den Kroaten kurzerhand niedergemacht. In der damals abgelegenen Ortschaft Lieben befand sich als Feldwache nur ein schwaches Pikett, das bei der Annäherung des Feindes — wie sich der Soldat ausdrückt — „türmte" und in aller Hast und Eile vergaß, den am Nordausgang Ober-Lieben aufgestellten Posten einzuziehen.
Dieser Soldat, ein gebürtiger Schlesier namens Bürger, war mit den artverwandten Deutschböhmen durch Sprache und Glauben schnell vertraut und befreundet. Als er merkte, was

die Glocke geschlagen hatte, wandte er sich in seiner Not hilfesuchend an die Dörfler von Lieben, deren Vertrauen er schon längst gewonnen hatte. Gerne versorgten sie den früheren österreichischen Untertan mit Zivilkleidung zum „Untertauchen", und als die wilden Panduren durch das Dorf preschten und nach preußischen Versprengten suchten, war aus dem „Bürger in Uniform" schon längst ein wirklicher, harmloser und friedliebender „Bürger" geworden. Seine Montur und seine „Latte" verbarg er fein säuberlich verpackt in sicherem Versteck und bewahrte beide auch späterhin — wie man es von einem braven Soldaten erwarten kann — sorgfältig auf.

Er fand sich auch bald als Zivilist in den veränderten Verhältnissen zurecht, diente da und dort als Knecht, und da er sehr bald als tüchtiger und fleißiger Arbeiter beliebt war, brachte er es bald zu bescheidenem Wohlstand und konnte sogar eine Dorfschöne mit etwas Vermögen heiraten. Der Ehe entsprossen mehrere Kinder, und so erwarb er sich auch ein Häuschen und wurde heimatberechtigt. Da er sich so pudelwohl fühlte und gesichert wußte, machte ihm die Erinnerung, daß er ja vordem preußischer Grenadier gewesen war, wenig Kopfzerbrechen. So vergingen zwölf Jahre im schönen Böhmerland — da brach der Siebenjährige Krieg aus.

Wie alle Welt so war auch Bürger zuversichtlich über den siegreichen Ausgang — selbstverständlich für die mütterliche Kaiserin, die so viele Tränen wegen ihrer schlesischen Landeskinder vergossen hatte. Um so größer war daher sein Schrecken, als für Maria Theresia die Schlacht bei Prag am 6. Mai 1757 verlorenging und schon am nächsten Morgen preußische Truppen, die den von den Kaiserlichen besetzten Ziskaberg umgangen hatten, vor der Ortschaft Lieben auftauchten.

Da bekam es der Schlesier nun doch mit der Angst zu tun, denn schließlich hatte er seinerzeit, wenn auch zwar der Not gehorchend — doch in sehr eigenwilliger Weise seine Zugehörigkeit zur preußischen Armee beendet. Was nun? Vielleicht wollte es gerade der Zufall auch noch, daß sein frühe-

res Regiment in Lieben einrückte. Wurde er dabei erkannt, was stand ihm dann bevor? Bestenfalls die Trennung von Weib und Kind, Haus und Hof – wahrscheinlich für immer, wenn er nicht gar wegen Fahnenflucht standrechtlich erschossen würde. Doch zur Flucht war es schon zu spät. Wohin sollte er sich auch wenden, da doch die Preußen bereits den Ring um ganz Prag geschlossen hatten?
In seiner neuerlich verzweifelten Lage kam dem gewitzten Schlesier im letzten Augenblick nun doch ein kecker Gedanke – der einzige, der ihm vielleicht aus der Patsche half und Rettung versprach:
In größter Eile kramte er seine alte Montur hervor und zwang seinen fülligen Leib in die längst zu eng gewordene Uniform. Der gutgefütterte Familienvater sah darin zwar keineswegs „schneidig" aus, doch was soll's, es mußte eben gehen, wenn die Knöpfe auch spannten und die Nähte platzten. Dann ergriff der „Grenadier" Bürger sein Gewehr und eilte damit auf denselben Platz, auf dem er vor zwölfeinhalb Jahren als Feldposten vergessen worden war.
Da stand er nun wieder mit dem Gewehr im Arm, als die Spitze des ersten preußischen Regiments erschien. Ruckzuck! Grenadier Bürger präsentierte das Gewehr vor dem Obristen, der sich nicht schlecht wunderte, hier bereits einen preußischen Soldaten vorzufinden, dessen recht fragwürdiges Aussehen ihn zwar stutzig machte, doch grüßte er dankend zurück und ritt kopfschüttelnd weiter. In gleicher Weise erwies der vergessene Posten jedem Offizier die vorschriftsmäßige Ehrenbezeigung, bis seine auffallend merkwürdige Erscheinung schließlich den General von Kleist veranlaßte, sich danach zu erkundigen, auf wessen Befehl und mit welchem Auftrag er denn eigentlich hier stünde.
„Ich bin hier auf Schildwache" meldete der betagte Grenadier Bürger, „und darf meinen Posten nicht verlassen, bis ich abgelöst werde."
„Zu welchem Truppenteil gehört Er?" forschte nun General von Kleist weiter. „Zum Détachement Graf von Einsiedel" antwortete hierauf der Grenadier Bürger. Der General wandte sich nun an seinen Stab: „Der Bursche scheint im

Kopfe nicht ganz in Ordnung zu sein — Einsiedel ist doch längst schon gestorben — seit wann steht Er denn da?"
„Seit dem 21. November 1744" antwortete hierauf der Grenadier Bürger.
Alles lachte nun belustigt; doch General von Kleist winkte, der Mann sei sofort festzunehmen, in den Arrest abzuführen und die verdächtigte Angelegenheit genauestens zu untersuchen.
Bei der nächsten Gelegenheit meldete General von Kleist dem König den absonderlichen Fall, und dieser gab Befehl, man solle ihm den Mann in der gleichen Montur, wie man ihn angetroffen habe, vorführen.
Als Bürger nun vor seinem obersten Kriegsherrn stand, diesem mit der ihm eigenen schlesischen Biederkeit berichtete, daß er unverdrossen zwölfeinhalb Jahr auf Posten gestanden habe, da ja keine Ablösung gekommen sei, da amüsierte sich der Alte Fritz — obwohl er, der große Menschenkenner, selbstverständlich den wahren Sachverhalt längst durchschaut hatte — königlich.
Kurz und bündig erklärte er jedoch: Der Bursche sei vergessen worden, auch habe man ihn längst aus der Stammrolle seines Regiments gestrichen, und so solle es auch bleiben, schon deswegen, weil der Bursche selbst nicht vergessen habe, daß er früher den preußischen Rock getragen habe.
Darauf hob der Alte Fritz den Krückstock und drohte lachend dem „vergessenen Posten" Bürger aus Lieben: „Nun scher' Er sich aber nach Hause oder wohin er will — aber gebe Er vorher Sein Gewehr und die Montur ab! —

Hannswolf Ströbel

Danzig, Langer Markt

Gefährtenruf

I.
Man werfe in Trauer und Wut
Steine ins Wasser —
und denke an Taten...
Was bringt dieses Bild?

Ringe im Wasser...
Sie gehen hinaus und vergeh'n...
und nehmen nichts fort
und verschwinden.

Wie viele von uns
sind ähnlich gegegangen —
und ließen nichts, nichts
in der Heimat zurück.
Sie gingen und schwanden.

II.
Feuer und Not
herrschen zu Hause derzeit.
Im Rausche des Glücks
spürt man den Wahn nicht:
Lüge und Tod aus der Fremde
knechten und schinden das Volk
über die Jahre hinaus.

Sie träumen aus feiger Schwäche
von fauler Freiheit
ohne ein Ziel,
ohne das Opfer der Tat
und ohne die Ehre des Blutes.

Freiheit als Fahne
ist Tand in den Pfoten der Toren.
Immer ist ein

erleuchteter Bruder im Zuge,
der weiß, wo der Feind steht,
und für ihn betet
und früher schon Sold nahm von ihm.

III.
Feuer und Not
vernichten,
was je du geliebt hast.
Nur eine Fratze der Propaganda darfst du noch lieben.
Doch hasse im Herzen nur die,
welche die Fratze
gezeigt und gedeutet.

Sieh nicht gebannt
auf jedem bekannte
und ausgelatschte
Pfade auf jedermanns Karte...

Sieh auf die eigene Spur
im Schnee deiner Liehtgrund.
Das ist dein Weg,
der nie irre dich führt.
Der Weg zu dir selbst.

Härte dein Herz!
Weine,
wenn niemand es sieht!
Gedenke der Liebe
vergangener Jugend.
Das hält dir das Herz rein.

Lache dem Feind ins Gesicht.
Haß
wird er dir geben dafür...
Das stärkt deinen Mut
und hält dich aufrecht
in schwankender Zeit.

IV.
Frei ist dein Geist —
das schuf dir die Feinde!
Das schafft dir heut Leid —
und schafft doch den Sieg dir!

V.
Ringe im Wasser.
Ich warf einen Stein in den See
und dachte an dich.
Wirst du verstehn, was ich meine?

Heiß ist das Herz des Gerechten;
doch kalt und gemein
der Büttel feindlicher Macht!
Er kam aus der Schar meiner Freunde.
Nun schleicht er ums Haus, das ihn barg
und heut noch mein Herz ist.
Spei aus, wenn du ihn siehst;
ihm fehlt zwar Ehre, das zu verstehn,
doch leicht
wird dir das eigene Herz dann.

Spei auf die Fremden,
die ihn benutzen,
die ihn dir senden
als Büttel und Nachtmahr.

Wie fest dünkt sich Herrschaft,
die solch einer Säule bedarf?

Hüte dein Haus.
Und wenn es durchsucht wird,
weils doch kein Recht mehr
für freie Menschen
und freies Wort gibt,

so hüte dein Leben!
Und wäge die Tat.

Nur lebend kannst du
die Zukunft gestalten.
Und Ehre und Opfer
in jäher Tat
bedürfen, zu wirken,
der Ehre des Feinds...
Doch wo ist sie?

VI.
Ringe im Wasser des Meeres?
Das gilt nicht als Tat.
Hohn, Weinen
Vergessen dafür!

Hans-Michael Fiedler

Die vier Wünsche

Es gibt keine gütigen Feen mehr, die uns im Märchenwald Lebenswünsche erfüllen, aber es ist gar nicht so müßig, darüber nachzudenken, wie relativ der Wert dessen ist, was wir uns wünschen würden, um „glücklich" zu sein. Das beweist die Geschichte von den vier Wanderburschen, die einst, vor langer Zeit, in einer kümmerlichen Herberge im Frankenwald das Strohlager teilten. Lange wälzten sie sich, als sie den letzten Brotkanten verzehrt, den letzten Schluck aus der Flasche getrunken, auf den knisternden Halmen umher und beklagten die Dürftigkeit ihres Daseins, da öffnete sich plötzlich die Tür, und eine lichte Gestalt trat in den elenden, düsteren Raum. Sie gab jedem einen Wunsch frei, sein Schicksal zu ändern: „Überlegt es wohl und reichlich, denn nur einmal reicht das Glück euch die Hand, und wie ihr's euch einrichtet, so wird es unwiderruflich sein!"
Lange und ungläubig schwiegen die Männer zunächst, sie blickten verlegen umher und kauten nachdenklich an den Strohhalmen, bis der Mutigste kurz entschlossen sagte: „Geld regiert die Welt; ich wünsche mir, reich zu sein!" Der zweite, ein Pfiffikus, der gern wie ein Schulmeister daherredete, sagte sich, daß man zu Geld und noch manchem dazu auch gelange, wenn man nur klug und weise wäre, genau Bescheid wüßte über Himmel und Erde und die verzwickte Welt der Menschen. So sagte er: „Ich will wissend werden und gelehrt!"
Der dritte hatte sich inzwischen erinnert, daß seine alte Mutter zeit ihres Lebens betont, Gesundheit sei das höchste Gut auf Erden. Und da er ein rechter Schwachmatikus war, oft gehänselt von den kräftigen Burschen, bat er kurz entschlossen um Gesundheit und Verschonung von allen Gebrechen des Leibes. – Blieb noch der vierte, ein kleiner, spaßiger Kerl, der voller Schnurren steckte und ständig auf der Wanderschaft die Maultrommel spielte. „Also, wenn's recht ist", meinte er mit einer kleinen komischen Verbeugung zu der lichten Gestalt, „so will ich halt immer lustig sein können!"
„Wie ihr's entschieden, so sei es", sagte die Fee und ver-

schwand im Wesenlosen. Die vier Wandergesellen aber trennten sich in der Frühe des nächsten Tages und machten mit Handschlag ab, nach zehn vollen Jahren am selben Ort zusammenzutreffen, um ihre Erfahrungen über das Leben auszutauschen. –
Die Zeit verrann, gute und böse Jahre kamen und gingen, und endlich war das Jahrzehnt um. Der reiche Mann ließ sich von seinem Kutscher viere lang vor die alte Herberge fahren, und kurz nach ihm kam der Gelehrte, würdig, und ernst, in einem Mietwagen angeschaukelt. Dann hörte man den festen Schritt eines stattlichen Mannes; breitschultrig, kaum wiederzuerkennen, kam der dritte und teilte Händedrücke aus, die beinahe zu Knochenbrüchen wurden. Zuletzt hörte man den vierten, der auf seiner Maultrommel einen frischen Marsch spielte, durchs Tor treten. Mit lautem „Grüß Gott!" gab er lachend den alten Kumpanen die Hand. Sie pokulierten nicht schlecht, denn der Reiche hatte in seiner Kalesche herangefahren, was gut und teuer war; endlich aber gaben sie, wie versprochen, den Bericht ihres Lebens.
„Ich kann wohl sagen", hub der Reiche an, „daß mir nichts mangelt und daß ich mit den äußeren Dingen dieser Welt zufrieden sein könnte. Aber wenn ihr mich fragt, ob ich glücklich bin, so müßte ich's verneinen! Glück liegt überhaupt nicht im Besitz, und was man hat, das schätzt man nicht mehr, wenn man sich jeden Wunsch erfüllen kann. Ehrlich gesagt: Ich bin im Äußerlichen steckengeblieben, und das Herz verdorrte dabei. Viele Menschen drängen sich zu mir, aber keiner ein rechter Freund. Mein Weib ist sehr schön, aber sehr verwöhnt und launisch, meine Kinder, durch den Reichtum blasiert und hochnäsig, machen mir wenig Freude. Reich bin ich, aber glücklich . . . nein, glücklich nicht!"
„Ich wußte es schon vorher", sagte der gelehrte Mann, „denn ich habe die vertrackte Kunst erlernt, alle Verhältnisse zu durchschauen, den Urgrund alles Seins und Werdens zu erkennen. Ihr ahnt nicht, wieviel Leid Wissen bringt. Wie froh war ich einst, wie unbekümmert, nun bin ich zergrübelt, mich bedrückt das Leid und die Sorge der Völker, denn

ich studierte alle ihre Probleme. Jeder Bauernbursch, der naiv sein Leben lebt, ist glückhafter als ich!"
Der dritte kraute sich hinter dem Ohr. „Wenn schon Geld und Wissen nicht glücklich machen", sagte er, „wird man das Glück schwer erwischen, wenn es an beidem mangelt. Ich habe, wie ihr wißt, die Fee um Gesundheit gebeten, denn ich war ein wehleidiger Kerl. Gesundheit ist wohl ein rechtes Göttergeschenk, und sicher ist ein kranker Mensch nicht glücklich zu preisen. Aber Gesundheit allein macht's denn doch nicht, dazu sind die Anforderungen des Lebens und unsere Wünsche zu vielgestaltig. Ich habe mich wacker geplagt, zehn Jahre lang, indessen, nicht viel ist mir zum Segen ausgeschlagen. Nach wie vor ringe ich um das Nötigste, oft bange ich mich mit meinem Weib um die Zukunft, und mißmutig sehen wir, daß es nicht vorangeht. Gesund sind wir freilich, aber ist das das ganze Lebensglück? Gesund ist schließlich auch der Hund Schnappauf, der nachts unsere Hütte bewacht!"
Da stieß der vierte einen langen Pfiff aus und machte eine lustige Grimasse. „Schaut her", sagte er, „am End' bin ich doch nicht der Dümmste gewesen, als ich mir Fröhlichkeit erbat! Ihr habt mich damals als einen rechten Narren ausgelacht. Freilich hab' ich weder Reichtum noch Wissen, und auch des Leibes Pein plagte mich dann und wann. Ich habe nur eine winzige Hütte und nur ein kleines, armes Hascherl von Weib, aber zwei lustige Buben springen über die Wiesen. Wir haben nur ein Weniges, und oft fehlt's am letzten Heller, aber die Sonne scheint uns wie dem Reichsten, und die Blumen blühen, die Vögel singen gradweg nur für uns. Wir leben halt und freuen uns darob, und weit und breit nennen mich die Leut' den lustigen Fridolin. Nicht immer scheint die Sonne, aber uns langt's zu!"
Die anderen lächelten ihn freundlich an. „Er ist der Beneidenswerteste von uns allen", sagte der gelehrte Mann, „und er bestätigt die alte Weisheit: Das Glück liegt nicht in den Dingen, es liegt im Herzen der Menschen!"
Bruno H. Bürgel

Spruch

Du hast in Krieg und Schrecken
mich wunderbar bewahrt,
Gabst Kraft dem müden Herzen
auf später Wanderfahrt,
Gabst Zuflucht im vertrauten,
im herben Wind vom Meer,
Führtest zu deutschem Lande
mich gnädig wieder her,
Gabst Dach und Brot gabst Treue,
die niemals mich verlassen,
Lehrtest mich täglich neue,
nichts als den Haß zu hassen!

Agnes Miegel

1. Allerheiligen
2. Freitag
3. Samstag
4. Sonntag
5. Montag
6. Dienstag
7. Mittwoch
8. Donnerstag
9. Freitag
10. Samstag
11. Sonntag
12. Montag
13. Dienstag
14. Mittwoch
15. Donnerstag
16. Freitag
17. Samstag
18. Sonntag
19. Montag
20. Dienstag
21. Buß- u. Bettag
22. Donnerstag
23. Freitag
24. Samstag
25. Sonntag
26. Montag
27. Dienstag
28. Mittwoch
29. Donnerstag
30. Freitag

Es ist möglich, daß der Deutsche einmal von der Weltbühne verschwindet, denn er hat alle Eigenschaften, sich den Himmel zu erwerben – aber keine einzige, sich auf der Erde zu behaupten, und alle Nationen hassen ihn wie die Bösen das Gute. Wenn es ihnen aber gelingen sollte, ihn zu verdrängen, wird ein Zustand eintreten, in dem sie ihn wieder mit den Nägeln aus dem Grabe kratzen möchten.

Friedrich Hebbel

Es gibt ein Sterben, das heißt ein Verwandeln, aber es gibt kein Totsein, kann keines geben, für den, dessen Wesen im Geiste war.

Peter Rosegger

Gesang der Kärntner Heldenglocke

Sie starben für Euch ohne Klage.
Daß es keiner vergesse:
Ihr sollt ihren Tod
mitessen in Eurem Brot,
mittrinken aus Eurem Krug
mit jedem Atemzug –
daß keines es lasse,
im Haus, am Acker, auf jeglicher Gasse
ihrer zu denken in währender Zeit,
daß jeder im Geist und Geblüt es trage,
nicht von niedrigem Wandel zerstreut:

Also will mein Geläut
mahnen Euch bis ans End' Eurer Tage.

Johannes Lindner

. . .

Der Traum, den wir geträumt, ist aus.
Dämonenmacht zerschlug das Haus,
Die Scholle taub, der Baum entlaubt,
die Stube still, der Herd beraubt,
uns Letzte, nackt und vogelfrei,
wirft auf den Mist die Tyrannei,
zerstreut der Sturm, zerbläst der Wind.
Weh uns, die große Nacht beginnt.
Weh uns, vergeblich war das Leid,
weh uns, im Blut ertrinkt die Zeit,
weh uns, den Abel mordet Kain —
Deutschland, o Traum, wann wirst du sein?!

                        Josef Weinheber

Inspirationen

Im Herbst 1929 wartete ich im Foyer des Wiener Konzerthauses auf meine Frau. Ich war zwanzig Minuten zu früh dran. Eben kamen die Garderobfrauen und richteten ihre Zettelblocks her. Ich setzte mich auf einen Stuhl und wartete.

Ein höflicher junger Mann trat auf mich zu, zog den Hut und und neigte sich zu mir herab: „Verzeihung, wenn ich störe! Sind Sie Herbert Eulenberg?" Ebenso leise, ebenso vertraulich erwiderte ich – und ich weiß wirklich nicht, warum ich das tat –: „Ja, das bin ich." Im gleichen Augenblick bereute ich es, aber da war es schon zu spät. Gegenüber an der Wand hing das Plakat des Kulturbundes, das Eulenbergs Vorlesung ankündete.

Der junge Mann nannte die Zeitung, die er vertrat, und sagte, er werde in den Vortrag gehen, aber vorher wolle er mich noch einiges fragen. „Bitte", sagte ich. „Wie gefällt Ihnen Wien?" „Hervorragend. Diese Stadt hat etwas Beschwingtes und Leichtes, ein Rheinländer fühlt sich hier sogleich wie zuhause." Ich mußte bei der Sprachtönung einige Schwierigkeiten überwinden, da mir von Jugend an eigentlich nur das Sächsische lag und bekannt war. Also färbte ich Eulenberg etwas Sächsisch ein.

„Was werden Sie Ihrer großen Wiener Gemeinde vorlesen?" „Etwas aus den Schattenrissen", gab ich zur Antwort. Während der junge Mann schrieb, fragte er, ob ich nach den Schattenbildern nun auch Schattenrisse geschrieben habe. „Verzeihen Sie", hüstelte ich, „ich habe mich nur versprochen."

„Darf man Sie fragen, woran Sie jetzt arbeiten?" „Darüber spreche ich nur sehr ungern. Aberglaube, verstehen Sie. Neid der Götter."

„Ich verstehe", versicherte der junge Mann. „Aber vielleicht darf ich fragen, wie sie arbeiten. Überkommt Sie plötzlich ein Einfall?" „Leider, leider", erwiderte ich und blickte zur Seite. „Warum leider? Ich stelle mir das sehr beglückend vor, wenn eine Inspiration über einen kommt."

„Anfangs beglückt es vielleicht, später bedrückt es. Es müssen ja nicht immer gute Inspirationen sein."
„Gewiß, Gewiß", gab der junge Mann zu, „aber bei Ihnen, Meister, glaube ich an keine schlechten Inspirationen."
„Sagen Sie das nicht", warnte ich. Immer mehr Leute kamen und strebten den Garderoben des Großen Saales zu, in dem heute Furtwängler dirigierte, zu dessen Konzert ja auch ich wollte. Der junge Herr meinte, daß dieses Furtwänglerkonzert sich wahrscheinlich ungünstig auf den Besuch der Vorlesung auswirken werde.
Ein untersetzter Mann trat ein, den ich auf den ersten Blick als Herbert Eulenberg erkannte. Ich fand es an der Zeit, zu verschwinden. „Verzeihen Sie, ich habe im ‚Imperial' etwas liegengelassen, ich muß noch rasch einen Sprung ins Hotel."
„Bitte, das kann ja ich besorgen", erbot sich der junge Mann.
„Nein, das kann nur ich allein erledigen", wehrte ich ab.
„Soll ich Sie vielleicht begleiten?" fragte der junge Mann.
„Bemühen Sie sich nicht, ich gehe am liebsten allein", sagte ich und wischte hinaus.
Ich überquerte die Straße und sah mich um: Der junge Mann blickte mir nach. Ich verbarg mich hinter dem Wartehäuschen der Straßenbahn. Der junge Mann drüben sah auf seine Uhr. Ich tat es auch, es fehlten nur fünf Minuten bis zum Beginn meiner Vorlesung.
„Warum wartest du hier? Hast du am Ende die Karten vergessen?" „Ich habe die Karten", versicherte ich. „Da hast du deine, ich komme ein wenig später nach." „Warum denn? Die Türen werden geschlossen, Zuspätkommende müssen draußen warten. Warum gehst du nicht gleich mit?" „Drüben steht einer, der mich für Herbert Eulenberg hält."
„Siehst du ihm denn ähnlich?" „Ich? Gar nicht." „Wieso glaubt er es dann?" „Weil ich es ihm gesagt habe." „Warum hast du es ihm denn gesagt?" wollte meine Frau wissen. „Weil ich eine Inspiration gehabt habe." „Was wird sich dieser Mensch jetzt denken?" fragte meine Frau. Ich glaube, er wird sich wundern", sagte ich und lief, da der junge Mann drüben verschwunden war, schnell über die Straße.

Bruno Brehm

Worte zu einer Hochzeitsfeier

Gerade in einer Zeit, wo alles Feste sich aufzulösen droht, wo geprägte Gesichter von Einheitslarven verdrängt werden, wo alle Ordnungen vom Chaos bedrängt sind, wo aller Glaube von Nihilismus, von der Lust am selbstzerstörerischen Untergang in Frage gestellt ist — da sind solche Feste der Familien, der Freundschaft wie feste Burgen, die Halt und Zusammenhalt gewähren, Besinnung und Sinn schenken für die Kräfte des Bleibenden, der Dauer, der Ewigkeit.
Die beiden lieben Menschen, die heute getraut worden sind, kennen sich schon viele Jahre, schon seit ihrer Schulzeit. Sie sind miteinander aufgewachsen, aufeinander zugewachsen. Und ich glaube, man darf auch sagen: aneinander gewachsen.
Ihre Liebe ist nicht ein jäh aufflackerndes Strohfeuer, sondern eine in Jahren bewährte leuchtende und wärmende Flamme, das treu gehütete Licht ihres jungen Lebens.
Wir spüren dankbar, daß bis heute Gottes Segen auf den beiden lieben jungen Menschen geruht hat, und erbitten demütig auch in Zukunft seinen Segen für ihren Bund, den sie heute in seinem Namen begonnen haben.
Ihr, meine lieben Kinder, seid heute getraut worden. Der Sinn einer Trauung ist erfüllt, wenn sich zwei Menschen zusammenfinden, die den gemeinsamen Lebensweg zu gehen sich getrauen, weil sie einander trauen, weil sie einander vertrauen, weil sie sich einander anvertrauen. Und die letzte Wurzel dieses geheimnisvollen tiefen Wortes Trauen ist Treue.
Treue, ohne die eine Liebe wie ein edler Stein ohne Fassung ist, der an der Härte und Gefahr des Lebens zerspringt und im Staub der Straße zertreten wird.
Ich gebe euch, meine lieben Kinder, auf eueren Lebens- und Eheweg drei Sinnsprüche mit, die euch an Kreuzwegen, wo es eine Entscheidung gilt, kleine Richtzeichen bleiben mögen:

Liebes-Geheimnis

Immer nur eines denken:
Wie mach ich dich reich?
Kraft schöpfen und Kraft schenken
Zugleich.

Ehe

Je mehr du gibst,
Wenn du liebst,
Um so inniger strömt dir das Glück
Zurück.

Liebe

Du sanftes Licht, das heilt und nicht versehrt,
Du Flamme, die erwärmt und nicht verzehrt,
Die unerschöpflich sich vom Leuchten nährt
Und reiner brennt, je mehr sie sich gewährt —
Glüh, sanftes Licht, in todesdunkler Welt,
Daß sie nicht ganz dem Griff der Nacht verfällt.

      Gerhard Schumann

Wieder ein Tiroler mehr

Wenn der Oberjochbauer in Antholz, Gregor Glorer, auf das Gemeindeamt gehen muß, ist ihm jedesmal hundsübel zumute; denn auf den Ämtern geht es jetzt nicht tirolisch her, dort wird nur italienisch regiert. Kein Wunder, daß der Glorer, sonst gewiß ein gestandener Mann, sooft er etwas Amtliches hat, um sich Mut zu machen, vorher beim Gamswirt ein Viertel Roten braucht, bei der „Antholzer Einkehr" ein zweites und beim Kirchenwirt, der sein Schwager ist, ein drittes, viertes, je nachdem, was es auszuhandeln gibt. Aber heut, holoo! Heut braucht der Glorer, bei Gott, keinen Wein, nicht ein einziges Viertele, heut ist soviel Courage und Schneid in ihm, als hätte er schon den ganzen „Kalterer See" in sich.
Vor der Türe des Gemeindesekretärs hebt er sich kräftig in die Hose und klopft an. Da hört er schon: „Avanti!"
Der Glorer drückt die Türschwelle nieder und tritt ein. Unter dem Bildnis des Staatspräsidenten sitzt er, der Gemeindesekretär Giuseppe Crisafulli, feierlich, genau wie der Präsident, grimmig die Stirne, grimmig die Augen, aber ansonsten ganz auf nobel parfümiert. Seit die Welt steht, hat noch kein Gemeindesekretär so gut gerochen wie der Crisafulli, nur sonderbar, daß ihn trotzdem im Dorfe niemand „schmecken" kann.
Jetzt tippt der Glorer stumm an den Rand seines Hutes, einerlei, ob es dem Crisafulli gefällt oder nicht, ein Zeigefinger am Hutrand gilt auf der ganzen Welt als ein Gruß. Mehr braucht er nicht. Aber der Crisafulli rollt bloß finster die schwarzen Augen und wartet auf mehr.
Der Glorer räuspert sich heftig, ganz von innen her, um sich zum Reden bereitzumachen. Oh, er wüßte ganz genau, wie das, was er zu sagen hat, auf italienisch gesagt werden müßte. Aber so wie er heute in Stimmung ist, — nicht auf „Glorer" wie sonst, sondern auf „Gloria" — brächte er kein welsches Wort über die Zunge.
„Hab was zu melden!"
Der Crisafulli hört, was der Glorer gesagt hat, versteht es

auch — etwas zu melden hat er! — aber er tut, als wäre ihm nur etwas Lästiges ins Gesicht geflogen, eine Bremse, eine Wespe oder so etwas Ärgerliches. Mit der flachen Hand schlägt er dagegen, zieht die Stirne in Falten und klopft dem Glorer mit dem umgekehrten Bleistift das Wort, das er deutsch gesagt hat, Silbe für Silbe auf italienisch vor: „Di-chi-a-ro . . ."
„Ki-ke-ri-ki!" denkt der Glorer, „heut magst lang krähen, Gockel walscher! Heut geht's deutsch her!" und schüttelt heftig den Kopf, den tirolischen, um zu zeigen, daß heute darin nichts Welsches Platz hat, auch wenn es ihm der Crisafulli noch so schön vorklopft, heute gibts kein: dichiare.
Also bleibt dem Crisafulli nichts anderes übrig, als mit diesem verstockten Gemeindebewohner deutsch zu sprechen. Heftig klappt er die Kinnladen ein paarmal stumm auf und nieder, um eine „bocca tedesca", einen „deutschen Mund" zu bekommen und stößt zornig hervor: „Zu melden, was!"
Da lächelt der Glorer ganz selig: „Ein Kind!" „Kind!" springt der Crisafulli auf, „wieso Kind!" und rudert heftig mit den Armen und schnappt nach Luft, „wieder Kind?"
„Ja, wieder ein Kind, Beppo!"
Der Glorer sagt ausdrücklich „Beppo", um dem Gespräch eine freundschaftliche Wendung zu geben. Aber — „porca miseria!" flucht der Crisafulli, „Kinder acht, neun? zehn?"
— „Na, Beppo, jetzt sind's elf!"
„Elf?" stöhnt der Crisafulli und zerrt zornig das Geburtenregister aus der Schublade, „Warum so viele?"
Da nimmt der Glorer den Bleistift, der vor ihm auf dem Schreibtisch liegt, und klopft dem Crisafulli Silbe für Silbe die Antwort hin: „Damit wieder ein Tiroler mehr ist!"
Der Crisafulli verzieht grimmig das Gesicht und schüttelt sich wie ein nasser Pudel.
„Name?" faucht wütend Crisafulli. „Andreas!" erklärt der Glorer mit sanfter Stimme, „weil der Andreas halt so ein guter Heiliger ist und weil einmal ein Wirt drüben in Passeier, ein gewisser Hofer, auch Andreas geheißen hat."
„Andrea!" kratzt der Crisafulli auf das Papier.
„Nicht das s vergessen, Beppo", erklärt der Glorer,

„Andreas heißt er, der Bub." Dann geht er. Doch in der Türe wendet er sich nochmals zurück, um dem Crisafulli noch etwas Freundschaftliches zu sagen. „Und übers Jahr, Beppo", ruft er und tippt wieder an den Rand seines Hutes, „übers Jahr machen wir das Dutzend voll!"

Karl Springenschmid

Eingreifen in Lothringen

„Es ist mein Wille, dem Ostfränkisch-Deutschen Reiche den Frieden zu erhalten", sagte König Heinrich und sah den fremden Gast vorsichtig abwägend an. Es war ein stolzer, sehr vornehm gekleideter Mann mit wissenden dunklen Augen und offenen Gesichtszügen. „Ihr wißt, daß Euer Verbündeter, Graf Giselbert, sich dem Aufstand der großen westfränkischen Herren wider König Karl angeschlossen hat, sie sind der Herrschaft dieses Königs, der sich vor allem auf die Geistlichkeit stützt, völlig überdrüssig und haben meinen edlen Herrn, den Grafen Robert von Paris und Herzog von Franzien, bereits zum Gegenkönig gewählt", berichtete der Gesandte schwungvoll, die kühle Zurückhaltung Heinrichs geflissentlich nicht beachtend. „Ich weiß nicht nur dies, mein Herr", sagte der König noch gelassener, und seine Lippen schlossen sich fest. „So ist Euch bekannt, daß Graf Giselbert von Karl dem Einfältigen in der starken Feste Chévremont eingeschlossen und belagert wurde?" Der Gast konnte sein Erstaunen nicht verhehlen. „Ich hörte davon", nickte Herr Heinrich. „Aber Graf Hugo, Herrn Roberts Sohn, kam Giselbert zu Hilfe und Entsatz." „Wohl, so müßt Ihr doch erkennen, daß Karls des Einfältigen Sache verloren ist!" rief der Westfranke, und seine dunklen Augen funkelten vor Erregung. „Ich stehe ihm auch nicht bei", sagte König Heinrich, „sonst hätte ich Euch diese Unterrredung nicht gewährt. Die Sorge um die Sicherheit meines Reiches gebietet mir indessen größte Vorsicht."

Hathumar erschrak bei diesen Worten seines Königs; war das nicht ein Bruch des mit dem einfältigen Herrn des Westreiches geschlossenen und durch Eid bekräftigten Freundschaftsbundes? Dem Jungmann schoß für einen Augenblick das Blut bis in die Haarwurzeln.

Herr Heinrich sah es und erriet sofort die Gedanken des Westfalen. Er erhob sich und nickte den westfränkischen Gästen zu.: „Es ist spät, ihr Herren. Wir sehen uns morgen wieder."

Der vornehme Wortführer und sein Gefolge standen gleichfalls auf, verneigten sich vor dem König und schritten zum Ausgang der Halle; die sächsischen Mannen folgten ihnen. König Heinrich aber trat zu Hathumar und hielt ihn zurück. Er legte dem Jüngling beide Hände auf die Schultern und blickte ihn durchdringend an. „Du wurdest rot vor Zorn, ich sah es wohl", sagte er endlich. „Du meinst also, es sei ein Vertragsbruch, ein Verrat, wenn ich jetzt im Jahre des Herrn 922 die Widersacher König Karls empfange und mit ihnen Unterredungen pflege?" „Ihr – Ihr habt geschworen, Freunde zu sein –", stammelte Hathumar verlegen. „Und Eidbruch ist das fluchwürdigste Verbrechen, ich weiß", ergänzte der König. „Wohl den Menschen, wohl den Ländern, denen dieser Satz noch gilt, denen der Eid hochheilig ist. Dein Entsetzen und dein Abscheu vor solcher Tat ehren dich. Mögen Gott und alle Heiligen dir deinen Rechtssinn und dein Ehrgefühl erhalten! Für uns, die wir über Wohl und Weh der Völker und Reiche entscheiden, sollten diese Begriffe des Rechtes und der Ehre freilich ganz dieselbe Geltung haben. Alle Erfahrungen lehrten meinen Vater und mich jedoch, daß dem nicht so ist. Bei den Kaisern in Rom, in Byzanz und auch im Frankenreich scheinen Wortbruch und Verrat von der Staatskunst fast untrennbar. Ich muß daher erwarten, daß auch König Karl eines Tages seines Schwures nicht mehr achtet und mein Reich zu erobern sucht. Überdies bedenke eins, mein Hathumar: heiliger denn alle Eide und Freundschaftsbünde muß mir die Treue sein, die ich nie beschworen habe, die mich aber von meinen fernsten Ahnen her an meine Sippe, meinen Stamm und mein

Volk bindet. Um meines Volkes willen bin ich das Oberhaupt des Reiches, und um des Reiches willen strebte ich nach der Anerkennung durch König Karl. Die Westgrenze des Reiches ist jedoch nicht gesichert ohne den Besitz der lothringischen Lande, die noch König Arnulf zu Ende des vorigen Jahrhunderts in seiner Gewalt hatte. Ihrer Rückgewinnung dient alles, was ich in den nächsten Monden mit den Mächtigen des Westreiches vereinbaren werde." „Wie groß und königlich ist, was Ihr sagt!" rief Hathumar bewundernd aus. „Wahrscheinlich würd' ich nicht so zu dir sprechen, vermeinte ich nicht, daß du mich im Innersten verstehst", erwiderte König Heinrich sehr ernst. „Herr, Herr, wie ehrt mich Euer Vertrauen", flüsterte der Jüngling heiser vor Ergriffenheit. „Wie dank' ich Euch dafür!" Er streckte die Hände dem König hin, der sie ergriff und mit herzlichem Wohlwollen drückte. Dann eilte Hathumar hinaus.
Herr Heinrich aber suchte das Schlafgemach seiner Gemahlin auf. Frau Mathilde hatte noch einmal nach ihrem jüngsten Söhnchen gesehen: das hübsche Kind lag seit einigen Stunden in gesundem Schlummer. Nun erwartete die Königin den Gemahl, bereit und sogar begierig zu erfahren, was ihn an diesem Tage erfreut oder bedrückt habe. Er setzte sich zu ihr, und nach einer Weile des Schweigens kam es halblaut von seinen Lippen: „Friede heißt dieser Zustand, in dem das Reich stets bedroht ist und den ich doch erhalten muß, um soviel Macht zu sammeln und zu schaffen wie nur möglich. Die Westgrenze müßt' ich sichern, um der Gefahr aus dem Osten wirksam begegnen zu können. Eben darum darf ich mich aber auch in die Wirren in Lothringen und im Reich König Karls nicht einmengen, jetzt noch nicht, denn ich fürchte, ein neuer Einfall der östlichen Räuber träfe uns hilfloser denn je. Das Bündnis der Stämme, das ich schuf, ob es sich schon bewährt? Wir Nordlandmenschen wachsen ja langsam, auch in der Einsicht. Ach, Mathilde, die Pflichten- und Sorgenlast des Königs ist ungeheuer, und selbst seine nächsten Gefolgsmänner vermögen sie nicht zu ermessen"
„Ja, mein Heinrich" – die Frau legte ihm die Arme um den Hals –, „alles suchst du vorherzusehen, alle Gefahren abzu-

wehren. Wenn jeder deiner Freien und Hörigen, jeder deiner nächsten Gefolgsmänner sich vergnügt oder schläft, wachst du und sinnst darauf, was du zum Wohle deines Stammes, deines Volkes und Reiches tun kannst." „Dies alles wäre mir längst widersinnig erschienen", bekannte Heinrich, „sähe ich nicht immer wieder, daß die Menschen unseres Stammes dieser Sorgen wert sind. So errötete unser getreuer Hathumar vor Scham und Zorn, weil ich mich nicht mehr an den mit König Karl beschworenen Freundschaftspakt gebunden fühle. Du verstehst, Mathilde, daß ich die angeborene Sittlichkeit und den Rechtssinn bewundere, die aus diesem Bauernsohn sprechen, und daß sie mich beglücken. Ich halte es indessen für nötig, den Sinn des Widersachers Karls des Einfältigen, König Roberts, zu erkunden und ihm einen Mann meines besonderen Vertrauens zu senden. Ich denke dabei an deinen Bruder Ruotbert, der ja Priester ist."
„Deine Wahl ist gut", stimmte Mathilde sanft zu. „Ruotbert ist dir sehr ergeben."

Friedrich Einsiedel

Nächtliche Wanderung

Aufheulend treibt der Sturm
Den dürren Blätterreigen,
Und in den kahlen Zweigen
Geigt schon der Totenwurm.

Wo wir geliebt uns haben,
Da ächzt es nun und stöhnt.
Dumpf durch den Nebel tönt
Der Flügelschlag der Raben.

Einsam ist dieser Steg,
Der deine Stirne feuchtet.
Fahl aus dem Dunkel leuchtet
Der letzte Stein am Weg.

Es ist ein seltsam Ding,
Dies Wandern spät — allein,
Und langsam schließt der Ring
Sich um dein Sein.

Renate Sprung

Heimat

Was wir auch sind und werden,
Es liegt in deiner Hand,
Ein Körnlein deiner Erden,
Mein liebes Vaterland.

Was gälte wohl das Träumen
Des, ach, so kleinen Ich?
In deinen engen Räumen
Erst offenbart es sich.

Magst du nach Sternen gehen —
Das läßt dich niemals los:
So viel auch Sterne stehen,
Dir leuchtet einer bloß.

Er leuchtet ohne Ende
still in die Nacht hinaus,
daß doch dein Suchen fände
Einst heim ins Vaterhaus.

    Wolfgang Jünemann

Kranke Erde

Die Erde krankt an diesen Viel-zu-Vielen,
an überzähligen „Menschen-sind-wir-auch".
Die Erde krankt an Nullen, welche zielen
auf dich und mich, auf deinen und auf meinen Bauch.

Die Erde krankt an diesen Bildungsschwätzern,
an armen Irren ohne jedes Wissen.
Die Erde krankt an Nullen, die verketzern,
verteufeln, hetzen und blamieren müssen.

Die Erde krankt an diesen Jammerlappen,
an diesen „Das-und-das-steht-mir-doch-zu".
Die Erde krankt an Nullen, die zusammenklappen
beim ersten Spatenstich, bei einem Kampf auf Du und Du.

Die Erde krankt an diesen Fachidioten,
an diesen „Das-muß-erst-bewiesen-werden".
Die Erde krankt an Nullen, die mit ihren Pfoten
besudelt haben, was einst schön auf Erden.

Die Erde krankt an der Chineserei,
an dieser „Reingezwängt-in Normen",
am aufgeblähten Nullen-Menschenbrei,
am Brei der grauen Uniformen!!!

Manfred Bremhorst

Glaube

Oft hab' ich betrübte Stunden,
da glaub' ich nicht mehr daran,
daß Deutschland wieder gesunden
und weiterleben kann.

Dann möcht' ich zusammensinken,
bin krank an Leib und Seel'.
Gebt mir den Schierling zu trinken,
daß ich von dannen mich stehl'!

O, schlafen, schlafen, schlafen,
nichts denken, nichts reden, nichts tun . . .
Der Tod allein ist der Hafen,
wo Schiffer und Schiffe ruhn.

Doch innen, im Herzen tief innen,
wo all die Asche liegt,
da glüht noch ein funkelndes Sinnen,
das gibt sich nicht besiegt.

So wartet das Feuer im Herde,
eh noch der Wind sich gerührt,
bis plötzlich ein flammendes Werde
die neuen Lichter gebiert!

Hans Venatier

Niemals verleugnen

„Da ich ein Teil von ihnen bin, werde ich niemals die Meinen verleugnen, was sie auch tun mögen.
Ich werde niemals vor jemand anderem gegen sie predigen. Wenn ich ihre Verteidigung übernehmen kann, werde ich sie verteidigen. Wenn sie mich mit Schande bedecken, werde ich diese Schande in meinem Herzen verschließen und schweigen. Was ich dann auch über sie denken mag, ich werde nie als Belastungszeuge dienen.
Die Niederlage spaltet. Die Niederlage zerlegt, was ganz war. Darin liegt eine tödliche Drohung: Ich werde nicht zu diesen Spaltungen beitragen, indem ich die Verantwortung für das Unglück auf Andersdenkende unter den Meinen abwälze. In solchen Verfahren, bei denen der Richter fehlt, ist nichts zu holen. Wir dürfen nichts von dem verleugnen, wozu wir gehören." Antoine de Saint-Exupery

1.	Samstag
2.	Sonntag
3.	Montag
4.	Dienstag
5.	Mittwoch
6.	Donnerstag
7.	Freitag
8.	Samstag
9.	Sonntag
10.	Montag
11.	Dienstag
12.	Mittwoch
13.	Donnerstag
14.	Freitag
15.	Samstag
16.	Sonntag
17.	Montag
18.	Dienstag
19.	Mittwoch
20.	Donnerstag
21.	Freitag
22.	Samstag
23.	Sonntag
24.	Hl. Abend
25.	Weihnachten
26.	Weihnachten
27.	Donnerstag
28.	Freitag
29.	Samstag
30.	Sonntag
31.	Silvester

Du sanftes Licht, das heilt und nicht versehrt,
Du Flamme, die erwärmt und nicht verzehrt,
Die unerschöpflich sich vom Leuchten nährt
Und reiner brennt, je mehr sie sich gewährt –
Glüh, sanftes Licht, in todesdunkler Welt,
Daß sie nicht ganz dem Griff der Nacht verfällt!

Gerhard Schumann

Freiheit der Vernunft erfechten
Heißt für alle Völker rechten,
Gilt für alle ew'ge Zeit.

Friedrich von Schiller

Die Stillen im Lande müssen sich das Stillesein abgewöhnen.

Walter Flex

Deutsches Leid

Denk nicht zurück, er war ja niemals dein,
Der Rausch von Macht und Gold, der dich befing.
Die Art der andern ist dir nicht gemein.
Tief innerlich ringt noch dein bestes Sein.
Denk nicht zurück! Sei dir nicht selbst gering!

Und mußt du deine Notdurft bang erflehn,
Durch Glanz und Hohn der andern bebt die Angst:
Sie wissen, du wirst wieder auferstehn
Kraft deiner Jugend; deiner Flamme Weh'n
Ist nicht erstickt, wenn du auch zögernd bangst.
Hart sei dein Weg! Vom blut'gen Marterpfahl
Siehst du sie jetzt wie einst zu deinen Füßen,
Würfelnd um dein Gewand. Doch deine Qual
Muß sich verdichten zum Erlöserstrahl:
In dir liegt Macht des Werdens – du kannst büßen.
Sie alle sänken hin in deiner Not,
Doch du erkenne deines Wesens Weiten!
Waage sei deine Drangsal dir und Lot.
Du wirst dich finden. Dienend dem Gebot
Des eignen Wesens mußt du weiterschreiten.

Erwin Guido Kolbenheyer

Ein Wintermärchen

Meine Südtiroler Heimat hat große Jagdgebiete. Das Jagdrevier, in das ich oft mitgenommen wurde, hatte ein Ausmaß von 4000 ha. Dort jagten acht Herren und zwölf Bauernjäger. Der Unterschied lag nur in den Anfahrtswegen; so gut verstanden sich alle untereinander, aber die Bezeichnung ist trotzdem stets beibehalten worden. Die Herrenjäger rückten mit ihren Sechszylindern an, die Bauernjäger schritten breitsprurig mit der Pfeife im Munde von ihren Höfen hinauf oder herunter zum „Tolderwirt", dem Ausgangspunkt für sämtliche Jagden. Dort saß der Jager Lois, der bildsaubere Aufsichtsjäger, schon vor dem großen Tisch in der Ofenecke und wartete, bis die Herren noch ein „Zielwasserle" spendierten, dann verteilten sich die einzelnen Gruppen mit der Zusicherung, sich gegen Abend oder Mittag, oder wie es sich eben traf, auf der Jagdhütte oben im Hochalmkar wieder einzufinden, wenn es sich um mehrere Jagdtage handelte.
Ehe ich von den schönen Jagdgründen und -tagen selbst erzähle, muß ich die kleine Jagdhütte beschreiben, ein helles Blockhäuschen, das mich so oft als einzigen weiblichen Gast inmitten naturliebender, aber auch zechfreudiger Jäger und Heger sah. Ob die farbigen Kunstdrucke aus dem „Deutschen Jäger", die ich hinter selbstgefertigte Birkenrahmen setzte, noch die Stubenwände schmücken? Ob der graue Tonkrug auf dem rohen viereckigen Tisch zur Sommerszeit noch immer frische Alpenrosen und im Herbst harzig duftende Latschen bekommt? Wer putzt jetzt wohl den rauchgeschwärzten Zylinder der Petroleumfunzel und poliert mit Essig und Salz den kupfernen Deckel des Wasserbehälters am kleinen Eisenherd? Kleinigkeiten . . ., und doch habe ich dafür nirgendwo mehr Dankbarkeit und Herzlichkeit geerntet als in dieser kleinen Hütte.
Leise haben wir die Türe aufgeschlossen, wenn wir zur mitternächtlichen Stunde in die sternbesäte Nacht hinaustraten und auf Hahnenjagd loszogen, um im Morgendämmern schon auf dem Balzplatz zu sein; stürmisch haben wir sie am Abend aufgerissen, wenn wir von einer Rehpirsch heimka-

men und das Schußlicht der Nacht schon die Hand gab. Auf der kleinen Bank vor der Hütte habe ich Stiefel eingefettet, Konservenbüchsen geöffnet, Gewehrläufe geputzt und Kartoffeln geschält. Auf dem danebenstehenden Holzklotz hat einmal der Pappefabrikant, ein anderes Mal der Lebensmittel-Großhändler, dann ein Rechtsanwalt oder der Lippebauer und der Hartler Brennholz gehackt. Nur wenn ein Abend einmal kein Ende nehmen wollte, wenn eine Flasche nach der anderen ihr Bäuchlein leeren mußte und der Jager Lois schon bedenklich schaukelnd in die „tieferen Regionen" der Hütte stieg und wieder ein neues Exemplar auf den Tisch stellte, dann habe ich mich auf und davon gemacht und bin über die schmale Leiter außerhalb der Hütte auf den Heuboden gekrochen, wohin sich höchstens ein schallendes Gelächter oder beim Kartenspiel ein derber Bauernfluch verirrten und mich manchmal das gleichmäßige „Sägen" schlaftrunkener Zecher, das durch den Fußboden schnitt, aus meinen Träumen riß. Für diese kleine Rücksichtnahme wurde mir dann am nächsten Morgen das Frühstück, bestehend aus einem Teller Erbswurstsuppe und einer dicken Schinkenbrotschnitte, zur Lucke hereingereicht. Auf die Pirsch selbst durfte ich dann die Jäger wieder als „Lux" begleiten.

Einen Dezemberabend werde ich mein Leben lang nicht vergessen, den ich in jener Hütte verbracht habe: Die Woche vor Weihnachten hatte ein stürmisches Schneewetter eingesetzt, und Schneeschicht legte sich auf Schneeschicht, als ob der Himmel sämtliche Federbetten ausgestülpt hätte. Wir Skifahrer waren mit dieser Winterherrlichkeit nicht ganz zufrieden, weil wir auf Pulverschnee warteten, der uns dann auf der Sella und am Boè um die Nase stöbern sollte. Am zweiten Feiertag setzte das Schneetreiben dann plötzlich aus, aber an die geplante Skitour war nicht mehr zu denken, denn wie drohende Wetterfahnen hingen die Nebel tief im Tal, und die Sonne versteckte sich trotzig wie ein Backfisch. Vom Tolderwirt rief man mich an, ob ich Lust hätte, den Mesner und den Jager Lois beim Wildfüttern zu begleiten. Durch den Lamprechtsburger Wald sei gut gespurt, und über Reischach könnte ich in zwei Stunden am verabredeten Treffpunkt sein. Das war für mich – wie für einen Hund – „ein gefundenes Fressen". Das knallrote Skihemd war schnell übergestülpt, die Kletterweste unter den Arm geklemmt, und schon im Garten vor unserem Haus konnte ich mir die Bretter anschnallen. Im Ursulinenkloster holte ich noch schnell einen halben Rucksack voll wilder Kastanien, aus Onkel Michels Heulege packte ich Heu prall darauf und nach dem kleinen Anstieg bis Reischach war ich, jede kleine Abfahrt ausnutzend, durch den stillen Wald entlang bereits nach eineinhalb Stunden am ausgemachten Ziel. Die beiden Männer nahmen mir den Rucksack ab, und nach kurzem Verschnaufen stiegen wir von Niederolang zum Kronplatz hinauf. Ab Schartl war die Schneeschicht sehr ungleichmäßig, und mit dem Skistock stochernd überlegten wir mehrmals, ob wir unsere Bretter hier im Hochwald nicht besser mit den Schneereifen vertauschen sollten, um uns beim Freimachen einzelner Futterstellen besser bewegen zu können, was wir dann schließlich auch taten.

Schon am frühen Nachmittag legten sich die ersten Dämmerschatten über die hohen Föhren, Fichten und einzelnen Zirbelkiefern, und die Dolomiten entzündeten im Osten bereits ihre Feuerfackeln, als der Jager Lois plötzlich hell begeistert meinte: „Herrgott, heint möcht' i no länger heraußen sein und später unten in der Jagdhütte sitzen und den Herren zu Silvester an kloan Christbam aufstell'n." „Lois, i geh mit!" war mein unüberlegter Entschluß, wie ich überhaupt oft impulsiv handelte. Nach einer schnellen Abfahrt waren wir bald wieder in Olang beim „Mahrwirt", erstanden in einem kleinen Kramladen weiße Wachskerzlein und eine Schachtel Watte und schnallten uns nach einem kurzen Imbiß die Bretter wieder unter. Vor Einbruch der Dunkelheit waren wir schon in Bergfall, einem kleinen, jetzt aufgelassenen und nur als Wirtschaft betriebenen Schwefelbad, von wo uns eine Stallaterne den zweistündigen Weg nach der Jagdhütte wies. Im Steigen erzählte mir Lois, daß er etwa 150 Schritte von der Hütte, drüben neben der Quelle, im Herbst ein kleines Bäumchen ausgemacht und schon damals als Christbäumchen ausersehen habe.

Während ich vor Kälte schlotternd die Laterne hielt, pickelte Lois das Eis von der Türumrahmung und schaffte mit der Schaufel, die sturmsicher unter dem Dach versteckt war, den Schnee von der Hüttentür. Mit trockenen Kienäpfeln, im Pustertal „Tschurtschen" genannt, machte ich im kleinen Eisenofen schnell ein Feuer, legte harzige Zirbelscheite dazu und freute mich über das Brodeln im Teekessel, während Lois mit seinem Hirschfänger aus einem Stück Föhrenholz einen kunstgerechten Christbaumständer schnitzte. In der Zeit, da der Aufsichtsjäger das Bäumchen ausschaufelte und abschnitt, deckte ich den Tisch. Dann trat ich noch einmal vor die Hüttentür. Draußen war jetzt klare Mondnacht, und die Schatten der Bäume legten sich wie tiefblaue Samtmäntel über die verschneite Flur. Darüber war eine Stille gebreitet, wie sie das Tal nicht einmal im Abendfrieden kennt. Ich steckte die Kerzlein an, verteilte die zerzupfte Watte auf die Zweige des gleichmäßig gewachsenen Bäumleins und stellte den heißen Tee auf den Tisch. Lois holte aus seinem Rucksack zwei geselchte „Landjäger", und ich strich auf das saure Bauernbrot eine Butterscheibe. Dann fuchtelte Lois in den Taschen seines grauen Lodenrockes, zog ein Streichholz heraus, hob seinen derben Skischuh und strich das Hölzchen über die Sohle. Ein kleines Feuerchen flackerte auf, und ein schalkhaftes Feuerchen muß wohl auch aus meinen Augen gekommen sein, weil Lois laut lachte und meinte: „Jo, freilich hätt'n mir das einfacher haben können, der Ofen brennt ja noch", womit er den Herd meinte.

Mit seiner großen, etwas eckigen Hand nahm er ein Kerzlein vom Baum, entzündete es und steckte damit auch die anderen Kerzen an. „Lois, was tuast denn — soll doch a Überraschung für die Jagdherren sein, wenn sie Silvester auf die Hütte kemmen!" war mein Einwand. Aber der Lois hörte nicht auf mich, sondern zündete ein Kerzlein nach dem anderen an und schmunzelte dazu. Es war so schön, in dieses Lichterflackern zu schauen und die große Stille um sich zu spüren, wie sie nur der Wald und die Berge haben, und ich ließ ihn gewähren. Dann steckte er das Anzündkerzlein wieder an den alten Platz und setzte sich wieder auf die Holz-

bank, die rund um den Tisch lief. So still war es im Raum, daß die Zirbelholzscheite, die im Herd brannten, knisterten und knaxten, als brenne ein ganzer Holzstadel.
Träume und Wünsche tauchten in dieser Stille auf, und alle hatten ein anderes Ziel. Ich wünschte mir, einmal hoch im Norden so still an einem offen Herdfeuer sitzen zu können; Lois träumte von einem kleinen Hof in Südtirol, den er mit seinem kleinen Gehalt wohl nie selbst werde erwerben können, den ihm aber vielleicht einmal eine Südtiroler Gitsche – ein Mädchen – zubringen konnte, denn er wußte zu gut, daß er ein stattliches Mannsbild war. Als ich dann mit Daumen und Zeigefinger die letzten Flämmchen auf den Kerzendochten erstickte, weil uns ein Lichthütchen fehlte, gab mir Lois die Hand und meinte: „so, iazt hon i a mei Weihnachten ghobt. Die Kerzlan hob i für Di ogebrennt, weil Du den weiten Weg net gscheicht und mir so nett Gsellschaft gleistet host! Dös isch mir a große Freid gwesen!"
Dann entnahm er seinen Rocktaschen 24 neue Krezen und steckte sie für die Jagherren an, die dort oben Silvester begehen wollten. Das Bäumchen löste am 31. Dezember freudige Überraschung aus, und dem Lois und mir wurde dafür eine Hahnenjagd für das darauffolgende Frühjahr in einem uns noch fremden Jagdgebiet versprochen. Davon werde ich später einmal erzählen.

Dorothea Wachter

Siehst du den Stern?

Flocken fallen ganz leis,
decken die Erde zu.
Weithin nur leuchtendes Weiß,
Lautes geht seltsam zur Ruh.

Auch in der eig'nen Brust
mildert sich Sorg' und Weh.
Hast du denn jemals gewußt
um diese Gnade aus Schnee?

Erst wenn das Leben dir hart
schmerzende Wunden schlug,
wenn es an Glück dir gespart,
scheidest du Wahrheit von Trug.

Flocken fallen ganz leis . . .,
schneien Irdisches zu . . .
Ängste vor Kriegen und Not,
Bangen um baldigen Tod.

Alles, alles wird fern . . .
Siehst du den Stern?

Margarete Pschorn

Weiter haben wir zu schweben

Laßt das alte Jahr uns lieben,
hat's auch manche Not gebracht:
ist doch letztlich treu geblieben
uns den Tag nach jeder Nacht.

Wo die Güte uns gesegnet,
taten gütig wir Bescheid.
Wo ein Argwohn uns begegnet,
war's fürs Herz ein Herzeleid.

Weiter haben wir zu schweben
zwischen Lust und Ungemach:
Mehr gestattet nicht das Leben
denn die Zeiten sind danach.

Haltet fern euch, wo sie schreien,
sucht die Nähe, wo man singt,
und bedenkt, daß ein Verzeihen
nur dem Größeren gelingt.
Endlich bleibt der wunderbare
Trost, der noch für jeden galt:
Selbst das jüngste aller Jahre,
einmal wird auch dieses alt —!

       Heinz Steguweit

Was ist der Mensch?

Was ist der Mensch? Der Schöpfung schönste Zier?
Des Herrgotts letzter Tag nur ein Versagen?
Die Gegenwart läßt so uns oftmals fragen.
Ist er ein Gott? Ist er das höchste Tier?

Bald kleiner Wurm, bald ungestümer Stier.
Heut' treibt es ihn zur Tat, zu kühnem Wagen,
und morgen will er hoffnungslos verzagen.
Hier Edelmut, dort trieberfüllte Gier.

So leben wir in äußersten Extremen,
in Würden echt wie auch im Unverstand,
oft müssen wir uns unsres Menschseins schämen,

doch böte uns auch eine Gnadenhand
das Paradies: wir ließen uns nicht nehmen
das Leben hier im Promethidenland.

Robert Hampel

Die Heimkehr der Magd Simona

Mühsam mit ihrem schlechten Augenlicht las Mutter Nanna den Brief, der ihr den Besuch ihrer seit Jahrzehnten über Berg und Tal lebenden Schwester Simona mit ihrem Kind mitteilte. Vierzig Jahre lang hatte sie in einem fremden Hause gedient. Am Donnerstag, steht da, aber Donnerstag — war ja gestern schon.
Erschreckt springt Mutter Nanna auf, eilt aus dem Hause, hinaus zu den Männern, die oberhalb des Hauses einen Brunnen graben.
Gleich sehen sie das verstörte Gesicht der Frau mit dem Brief in der Hand. „Was ist, Mutter Nanna, habt Ihr schlechte Nachricht?" Sie hält den Männern den Brief hin. „Heut' ist doch Freitag?" fragt sie voller Angst. „Ja, heut' ist Freitag. Da ist etwas geschehen! Wir müssen hinauf auf den Paß und hinüber, ein Stück, sogleich!"
Lui Mitschell bringt die Mutter ins Haus zurück und eilt gleich darauf zu Arno Lippert, der weiter oben wohnt. Er ist der Kommandant der Bergrettung, er wird seine beiden Hunde Senta und Ariel mitnehmen. Oben wird Schnee liegen, Lawinen können abgegangen sein.
In kurzer Zeit ist das ganze Dorf alarmiert. Pater Rigobert hat das Glöckchen gezogen, sieben Schläge, jedermann weiß, daß jemand in Not ist. Danach eilt er zu Mutter Nanna. „Es kann alles gut werden, Mutter Nanna. Die beiden können sich um einen Tag verspätet haben. Dennoch muß man nachsehen."
Der Pater ist fort. Sie kniet auf dem Fußboden der Stube, betet. Indessen sind die Männer, ausgerüstet mit Pickeln, Schaufeln, Seilen, Proviant und einer Trage zu Berg. Auch zwei Zöllner, die das Gebiet vom Montafon zur Schweiz kennen, sind mitgegangen.
Die Frauen kommen, eine nach der andern, zu Mutter Nanna, lesen den Brief viele Male, rechnen die Zeit nach, die die beiden von Amarosa bis hierher benötigen müßten. Doch es ist nicht mehr als eine Tagreise, sie können es drehen, wie sie wollen. „Wir können nichts tun als warten",

sagen sie, „und vertrauen. Es muß nicht gleich das Schlimmste befürchtet werden."
Arno Lippert ist mit seinen Hunden voraus. Diese wissen schon, daß es einen Menschen zu suchen gilt. Senta, die brave Alte, hat sich schon oft bei solchen Einsätzen bewährt, manchen Verschütteten hat sie angezeigt. Ariel, ihr junger, feuriger Sohn, steht ihr in Talent und Disziplin in nichts nach.
Die Männer steigen schnell. Es wird kaum gesprochen. Der Weg zieht sich tief ins Tal hinein, bald gehen sie im früh gefallenen Schnee. Alle kennen das Joch so gut wie die Jäger, Älpler und Bauern.
Allmählich kommen sie aus den verschneiten Zundern heraus. Jetzt müssen die Männer die Bretter anschnallen, die sie aus Vorsicht mitgenommen haben. Immer tiefer liegt der Schnee. In steilen Kehren steigen sie den Berg hinan.
Nichts rührt sich in der sonnigen Weite. Alles ist wie immer. Ein blendender Glanz liegt auf den Gipfeln und reicht herab bis in die Kare. Die Zöllner, die ein geübtes Auge für die Oberflächenveränderung haben, können so wenig eine Spur entdecken wie die andern. Die Hunde sinken bereits tief ein, man kommt nur langsam vorwärts.
Über der Waldgrenze heben sich stellenweise tiefgrüne Latschenkiefern aus dem Schnee. Die Männer halten ein, lauschen, rufen. Sie vernehmen nichts als einen fremden Widerhall.
Das Joch ist erreicht. Es ist drei Uhr nachmittags. Die Männer beraten. Sie wollen an geschützter Stelle ein kleines Biwak errichten, einen Verständigungspunkt. Sie trinken einen Schluck aus der Enzianflasche. Eisigkalter Wind zieht über ihre Köpfe. Unbeschreiblich schön und rein ist hier die Welt. Gipfel an Gipfel nur Eis, Fels, Sonne und Schnee. Aber die Männer halten sich damit nicht auf. Sie suchen zwei Menschen. Mit ihren Ferngläsern streichen sie die eingeschneiten Steige der Südseite des Berges ab. Sie beginnen den normalen Abstieg gegen die Schweiz. Zwei von ihnen machen den Höhenpfad aus, von wo aus die Sicht ins Dörfchen Schlappin gegeben ist.

„Wenn wir hier nichts finden, müssen wir nach Schlappin absteigen. Dort muß sich ja etwas erfragen lassen." Arno Lippert ruft die Hunde an. „Such, Senta! Such, Ariel!" Die Hunde schwimmen fast abwärts im Schnee und graben sich weiter. Noch haben sie keine Spur. Die Männer mit ihren Schaufeln warten, folgen zögernd. Es ist keine Spur zu sehen. von gestern auf heute muß hier viel Schnee gefallen sein. In solchen Höhen verweht er sich weithin.
Jetzt meldet Senta etwa dreihundert Meter westlich des Joches mit lautem Gebell. Ariel desgleichen. Nun sehen es die Männer. Hier muß gestern bei Sonnenerwärmung eine Naßschneelawine abgegangen sein. Sie vermurt den alten Bergpfad auf etwa zwanzig Meter Breite.
Der schmale Steig, den jetzt die Zöllner als erste befahren, verliert sich im Lawinenbruch. Der Schnee liegt wie gemauert in schweren Klumpen. Jetzt rennen die Hunde über den Lawinenkegel hinab. Ganz in der Tiefe, in einem aufgerissenen Tobel meldet Ariel als erster. Er schnüffelt, hebt sich, beginnt mit den Pfoten zu scharren, die Schnauze schon wieder im Schnee. Auch Senta wittert mit lautem Geknurr und beginnt zu scharren. Die über die Schneeblöcke absteigenden Männer beginnen zu schaufeln, die eisigen Blöcke sind schwer. Sie finden nichts.
Die Lawine läuft hier gegen die Talsohle zu seitlich aus. Sie zirkeln den Platz ab. Dort, wo die Hunde scharren, beginnen sie die Sonden einzustoßen, behutsam, wie mit allen Fibern zu lauschen, obgleich es nicht eine Sache des Lauschens, sondern des Fühlens ist. Wenn es die Verunglückten hier an den Rand der Lanwine getragen hat, könnte noch Hilfe möglich sein.
Plötzlich ist keine Sonne mehr da, es wird empfindlich kühl. Bald knirscht der Schnee unter den breiten Sohlen der Männerschuhe. Auf Lipperts Signale stoßen jetzt auch die Zöllner zu den Suchenden. Sie haben jemanden aus dem Tal kommen sehen. „Leute sind es, ausgerüstet mit Rettungsgeräten, von Schlappin herauf."
Während die Hunde scharren und graben, ungebärdig knurren und hell bellen, schaufeln die Männer das Geviert sorg-

fältig ab. Die Sonden, immer wieder eingesetzt, stoßen endlich auf etwas Weiches. Es kann auch ein Tier sein, ein Wild, das im Schnee umgekommen ist.
Nun sind auch die von Schlappin herangekommen. Was die Männer vom Suggadin erfahren, ist genug.
„Das Meiggi ist gegen Mittag erschöpft nach Schlappin gekommen. Es hat sich kaum verständlich machen können. Endlich hätten sie aus dem Stottern herausgehört, daß die Mutter unter eine Lawine gekommen sei. Gestern abend schon müsse es sich begeben haben, das Mädchen habe die ganze Nacht gesucht und geschrien, die Hände wund gegraben. Erst heute sei es um Hilfe ins Dorf gekommen. Mit schweren Erfrierungen liege es jetzt bei Bürgermeister Clemens Gröbli.
„Der Heiterwind hat die Spuren des Mädchens mit Schneegeriesel verweht. Nicht das Geringste ist zu sehen", sagen die Schweizer. Vereint helfen sie nun, den von den Hunden angezeigten Platz auszuschaufeln. Auch die Hunde sind aufgeregt, als meldeten sie schon die nahe Spur.
„Kommt hierher, zu den Hunden. Wo sie so verzweifelt melden, muß die Verschüttete liegen. Ihr könnt es glauben. Ich habe mich einigemal eingraben lassen, ohne eine Spur zu legen. Die beiden haben mich gefunden. Und damals am Arlberg haben sie auch die Stelle der tief verschütteten deutschen Schiläufer angezeigt. Die Tiere irren sich nicht", erklärt Arno Lippert den Leuten aus dem Dorf des Prätigau, die eher weiter unten graben wollen.
Die Männer von Suggadin wissen es. Senta trägt die goldene Rettungsmedaille. „Bleiben wir an dieser Stelle", sagen die Zöllner. „Die Lawine liegt dichter, als wir annahmen. Viel Schnee hat sich angehäuft."
Die Männer säumen keine Sekunde mehr. Schweiß rinnt ihnen von den Stirnen, fällt in den Schnee und gefriert. Die Hunde sind aufs höchste erregt, als die Sonden wieder eingestoßen werden. Bald finden sie etwas Weiches, Nachgiebiges.
„Hier, hier", schreien sie, und sorgsam schaufeln die Männer weiter, jetzt auf diese eine Stelle konzentriert. Durch

Eisklumpen geht es in die Tiefe. Nun stoßen sie auf Frauenkleider. Es muß die Gesuchte sein. Sorgfältig wird sie freigelegt. Ein Bein, eine kleine schwarze Tasche, dann die ganze Gestalt, einen Schal um den Kopf, die Hände wie in Abwehr ausgestreckt und wohl gebrochen. Das Gesicht ist zerschunden, blau, sie muß erstickt sein.
Einer der Zöllner öffnet die Tasche. Sie enthält eine in Pergamentpapier gewickelte Jause. Schwarzbrot, Rauchfleisch, in einem Lederbeutelchen ein paar Silbermünzen. Auch ein Dienstbuch, wie man es vor Jahren ausgestellt hat, findet sich in der Tasche.
Der Zöllner schlägt es auf, hält seine Stablaterne daran, liest: „Vierzig Jahre in Treuen gedient. Auf eigenen Wunsch in die Heimat entlassen –" alle hören es. Die Unterschrift ist schlecht leserlich, die Schriftzüge sind verwischt. „– entlassen, entlassen – also kein Besuch, liebe Mutter Nanna, kein Besuch" – sagt Arno Lippert, nachdem er die an der Toten schnuppernden Hunde zurückweist.
Die Männer stehen still auf ihre Schaufeln gestützt. Sie beten das Vaterunser, wie sie es hier gewohnt sind. Denn nichts anderes gibt es hier mehr zu tun. Dann steigt einer nach der Bahre auf, und später betten sie die Frau darauf.
„Sorgt euch nicht! Wir bringen es Euch übers Joch, wenn es erst gesund ist und die Steige gangbar sind."
Sie helfen noch gemeinsam bis zum Joch, dann gehen sie zurück. Die Männer aus Suggadin stehen einen Augenblick still. Sie blicken hinüber zu den schneidend harten Berggraten, wo das allerletzte Rot verglüht, während unten schon eine Weile die Dämmerung ins Tal gefallen ist, von den langen Schatten angekündigt. Die Grate zucken mit keiner Wimper, auch wenn der Tod an ihren Leiten entlangschleicht und donnert und alles Leben zu vernichten sucht. Sehr langsam steigen die Männer mit der Totgeborgenen bergab. Ein schweres Schweigen ist um sie. Sie bedenken wohl das unbekannte Schicksal einer treuen Magd.
Für Mutter Nanna wird es eine schmerzliche Stunde sein.

Natalie Beer

Wintersonnenwende

Letzte Sonne liegt schmal überm Giebelwerk,
sickert fahl ins sterbende Jahr.
Wirft vergoldete Schleier um Burg und Berg,
küßt der Wälder reifgraues Haar.

Braune Nebel füllen die Niederung aus
Und verhüllen der Erde Gesicht.
Bleiche Schatten huschen herein ins Haus,
schleichen leise ums flackernde Licht.

Mag denn immer, was will, mit dem Herzen geschehn;
die Hoffnung hört nimmer auf.
Sei sicher, du wirst die Prüfung bestehn
mit der Sonne steigendem Lauf.

Fritz Stüber

Deutsche Weihenacht

Weiße Flocken sinken.
fallen zart und sacht,
tausend Lichter blinken
durch die Weihenacht.

Wälder stehn im Schweigen,
festlich ihr Gewand,
nur der Äste Neigen
grüßet still das Land.

Selbst des Windes Singen
über Flur und Feld
füllt mit leisem Klingen
feierlich die Welt.

Einsam mußt du gehen
durch die weiße Pracht,
willst du ganz verstehen
Deutsche Weihenacht.

      Erich Limpach

Jahreswende

Ein neues Jahr an dunkler Schwelle.
Das alte haltlos wie die Welle
zerfließt im Meer der Ewigkeit . . .

Hast du erfaßt den Sinn des Lebens,
des unentwegten Weitergebens?
Es eilt die Zeit.

Ein Staubkorn, in das Sein geboren,
bist du und bist schon fast verloren:
Der Raum ist weit . . .

Den Stundenschlag hast du vernommen,
bald werden nach dir andre kommen . . .
Die Tat besteht.

Das Leben ist in seinen Arten
gleich nach dem Traum, der rasch verweht.
Willst du noch auf ein Wunder warten?
Es ist schon spät . . .

Adolfine Werbik-Seiberl

Der letzte Gruß

. . . Nehmt meinen Dank fürs Weggeleiten
und was ihr mir gegeben
an treuer Lieb in Not und Streit
in meinem harten Leben.

Vom Jenseits grüßt euch meine Hand,
wenn ihr dies Blatt empfangen,
ich bin euch in das fremde Land
getreu vorausgegangen.

Mein letzter Wunsch am Lebenssaum
als stiller Wegbereiter:
Reicht ehrfurchtsvoll den deutschen Traum
an unsre Jugend weiter!

Josef Hieß

Hereinbrechende Nacht

Von dem blauverträumten Hügel
löst sich langsam schon die Nacht,
lautlos hat ihr dunkler Flügel
alles still und müd' gemacht.

Durch die düstergrauen Mauern
kommt sie leis dahergeweht,
einsam muß die Birke trauern,
die am fernen Hügel steht.

Frühe, frohe Lichter glimmen
irgendwo, wo Menschen sind,
und den Nachklang ihrer Stimmen
hörst du durch den Abendwind.

Dunkel hebt aus allen Bäumen
sich die Nacht ganz hoch hinaus,
und du bist in deinen Träumen
ganz du selbst und bist zu Haus.

Edeltraut Eckert

Winterabend

Wie weit trägt heut des Jägers Ruf
Durch Berg und Tann,
Wie knirscht der Schnee, wie stäubt der Wind
So himmelan!

Viel Gottesgeister sausen mit.
Durch Schritt und Zeit
Klingt's heut wie Lied aus tiefer Last
Der Einsamkeit.

Und aus dem Tale läutet's schon
Wie hoch im Wald,
Und Büchs und Hund, die wissen wohl,
Heut heimelt's bald. –

Das Abendrot will grad verglühn,
Ein Sternlein fällt,
Der Jäger spürt die Andacht schon,
Die Gott uns hält.

Und eh der Fenster Lichter blühn,
Zieht er den Hut
Und dankt der weißen Einsamkeit,
Die ihn umruht.

                                Hans Friedrich Blunck

Der alte Mann und das Mehr

Zwei große Kriege hab ich durchlitten,
hab meine Frau und die Söhne verloren
und endlich mir mein Wohnrecht erstritten. –
Doch heute zähle ich zu den Toren,
die dieses Leben erduldet haben. –
„Du warst zu blöde!" spotten die Knaben.
„Wir aber, wir wollen vom Leben was haben!
Wir werden nur fordern, wie uns empfohlen.
Arbeit und Opfer haben wir satt!
Wer rackert, den soll der Teufel holen!" –
So lärmen sie – und sehn nicht die Dohlen
über der Stadt.

Siegfried Bokelmann

Wir bedanken uns unter anderem bei folgenden Verlagen: Arndt Verlag, Bertelsmann Verlag, Bläschke Verlag, Bogen Verlag, DTV-Taschenbuchverlag, Eugen Diedrichs Verlag, Druffel Verlag, Franckh'sche Verlagsbuchhandlung, Henn Verlag, Herbig Verlag, Hohenstaufen Verlag, Husumer Verlagsanstalt, Klosterhaus Verlag, Adam Kraft Verlag, Verlag Langen Müller, Lassleben Verlag, Ledermüller Verlag, Robert Lerche Verlag, Otto Müller Verlag, Orion Heimreiter Verlag, Paecht Verlag, Rudolf Schneider Verlag, Schild Verlag, Stocker Verlag, Verlag der Österreichischen Landsmannschaft, Kurt Vowinckel Verlag, Herbig Verlag, Paul Zsolnay Verlag.

Autorenverzeichnis

AICHELBURG, W. 26
ALVERDES, Paul 29
ANACKER, Heinrich 68, 132, 182
ARNDT, Ernst Moritz 66

BAHRS, Hans 47, 113, 156
BEER, Natalie 74, 163, 229
BEHRENDS, Ernst 111, 187
BERRSCHE, Alexander 143
BEUMELBURG, Werner 47
BINDING, Rudolf G. 64
BISMARCK, Otto von 85
BLUNCK, Hans Friedrich 239
BÖHM, A. W. 102, 183
BÖHME, Herbert 65, 105, 181
BOKELMANN, Siegfried 240
BONSELS, Waldemar 27
BREHM, Bruno 204
BREMHORST, Manfred 216
BÜRGEL, Bruno H. 197
BUSCH, Wilhelm 81

CAPELLMANN, Othmar 150
CASANOVA, Hans 147
CLAUDIUS, Hermann 11
CSALLNER, Alfred 116

DITERICH, Helmut 24, 107
DROSTE-HÜLSHOFF, Sophie 164
DUM, Hans Heinz 16, 124

EBNER-ESCHENBACH, Marie von 13, 161
ECKERT, Edeltraut 238
EICHENDORFF, Joseph Frhr. von 62, 143
EINSIEDEL, Friedrich 210
EMBACHER, Gudrun 125
EMMERT, Karl 17, 140
ERNST, Paul 105
ESCHENHAGEN, Gerhard 100
EVERT, Hans-Jürgen 168, 188

FIEDLER, Hans-Michael 193
FLEMING, Paul 159
FLEX, Walter 219
FRANK-BRANDLER, Elfriede 144, 173
FRANK, Ernst 35
FRIEDRICH DER GROSSE 131
FRIESENHAHN, Konrad 174

GINSKEY, Franz Karl 139
GÖTZ, Karl 176
GREIF, Martin 142
GRILLPARZER, Franz 9

HAMPEL, Robert 117
HANDLGRUBER, Veronika 141
HAUPTMANN, Gerhart 65, 85
HEBEL, Johann Peter 78
HEBBEL, Friedrich 201
HERDER, Johann Gottfried 27
HERRMANN, Georg 102
HIESS, Josef 237
HOHLBAUM, Robert 103
HUMBOLDT, Wilhelm von 143

JAHN, Friedrich Ludwig 85
JAHN, Rudolf 71
JELUSICH, Mirko 88
JOHST, Hanns 158
JÜNEMANN, Wolfgang 215
JÜNGER, Ernst 181

KOLBENHEYER, Erwin Guido 86, 220
KRACHT, Rose von 67
KYBER, Manfred 75

LENAU, Nikolaus 90
LEIPERT, Karl 44
LILIENCRON, Detlef von 42
LIMPACH, Erich 235
LINDNER, Johannes 202
LIPOK, Erich 63
LUTHER, Martin 105

MACHULE, Martin 87
MAGERL-WUSLEBEN, Emil 123
MERSCHBERGER, Gerda 22
MEIER, Conrad Ferdinand 71
MIEGEL, Agnes 200
MORGENSTERN, Christian 172
MÜLLER-INDRA, Maria 138
MÜLLER-RAMELSLOH, Otthinrich 45
MÜLLER-PARTENKIRCHEN, Fritz 112

OCHMANN, Albert 101
OHLSEN, Heinrich 162

PANTER, Wolfdietrich 163
PETER, Ursel 51, 107
PLATO 131
PLEYER, Wilhelm 41
PÖSCHKO-LAUB, Edith 61
POZORNY, Reinhard 94, 138
PSCHORN, Margarete 226

REIPRICH, Elisabeth Sophie 109
REIPRICH, Walter 147
REISSE, Hermann 10
ROSEGGER, Peter 106, 131, 201, 219

SAINT-EXUPERY, Antoine de 218
SCHAUWECKER, Heinz 53
SCHENKENDORF, Max von 43
SCHILLER, Friedrich von 56, 161

SCHRIEFER, Werner 157
SCHÜTTE, Renate 12
SCHULZ, Gerhard 82
SCHUMANN, Gerhard 9, 65, 206, 219
SEIDEL, Ina 52
SICHELSCHMIDT, Gustav 184
SKALA, Karl 87
SPRINGENSCHMID, Karl 18, 208
SPRUNG, Renate 133, 214
STEGUWEIT, Heinz 153
STIFTER, Adalbert 9
STRÖBEL, Hannswolf 189
STÜBER, Fritz 234

TREITSCHKE, Heinrich von 161

VENATIER, Hans 110, 177, 217
VESPER, Will 27
VOGELWEIDE, Walther von der 181

WACHTER, Dorothea 221
WEINHEBER, Josef 93, 203
WERBIK-SEIBERL, Adolfine 236
WINDISCH, Konrad 179
WINTERSTEINER, Marianne 45
WOLFF, Richard 46, 168

ZACZYK, Fred 181
ZEDTWITZ, Franz Graf 145
ZILLICH, Heinrich 57
ZSCHOCK, Otto von 28

Faszinierende Geschichte – spannend erzählt:

AULO ENGLER
Europas Stunde Null
Der Eintritt der Germanen in die Weltgeschichte
440 Seiten, Großformat, 6 Karten, 12 Bilder, 39,80 DM

Ein Geschichtsbuch? Weit mehr als das. Ein politisches Buch, ein Lehr- und Lebensbuch, das verschüttete, verlorene Erkenntnisse wieder freilegt, Ursachen und Wirkungen in ihrer gegenseitigen Bedingtheit offenbart, die Vergangenheit mit der Gegenwart verbindet. Es läßt den Leser Geschichte miterleben.

Der Autor, Vertriebener aus den Ostgebieten des Reiches und promovierter Völkerrechtler der Albertina in Königsberg in Preußen, schildert die verschiedenen Phasen der Machtverschiebung aus dem Mittelmeerraum nach Norden und die interessanteste Staatengründung des Abendlandes: das karolingische Reich.

Er stellt den heutigen Menschen in den Ablauf der Ereignisse, läßt den Leser erkennen, wie Entscheidungen, die vor Jahrhunderten getroffen wurden, noch heute unser Leben beeinflussen und lenken. Immer wieder schlägt er Brücken über die Zeiten und zeigt, daß die politischen, wirtschaftlichen und sozialen Probleme zu allen Zeiten die gleichen waren. Die Geschichte könnte unseren Politikern ein guter Lehrmeister sein, denn Geschichte ist gelebte Politik.

Das großartige Reich von Rom, in seiner Volkssubstanz verbraucht, war, seiner selbst beinahe überdrüssig, zugrunde gegangen. Mit einem unerhörten Elan und wirklich säkularen Fähigkeiten hatte Karl der Große den Gedanken des Reiches, der Einheit aus dem ausgebrannten mediterranen Raum über die Alpen nach Norden verpflanzt. Damit verhinderte er das Chaos, das solchen Zusammenbrüchen üblicherweise folgt. Er wurde zum Gründer der politischen Einheit des Abendlandes, dessen geistige Basis das aufstrebende Christentum war. Wie das Reich von Rom überspannte seine Herrschaft Sprachen, Stämme und Völker. Aber das aufkeimende Selbstbewußtsein der verschiedenen Sprachgruppen zerstörte das karoligische Reich und führte zur Bildung von Nationalstaaten, die untereinander erbittert um die Vorherrschaft kämpften. Diese im Endeffekt sinnlosen Auseinandersetzungen endeten erst an dem tragischen 8. Mai 1945. Dieser Tag beendete aber auch die Vorherrschaft Europas.

Aus dem Inhalt: Das Römerreich im Abschwung – Plan- und Marktwirtschaft in Rom · Inflation im Reich – Und immer das Gold · Verschenkt Konstantin ein Kaiserreich? – Die konstantinische Fälschung – Der Hunnensturm in Europa – Auf Messers Schneide – Die Schicksalsschlacht in Gallien – Vandalenreich und Vandalismus – Das Reich der Westgoten in Gallien und Spanien – Roma finita – Das gotische Römerreich Theoderichs in Italien – Geheimnisse von San Marco? – Die Franken treten auf – Könige und Hausmeier – Der Schmied Europas – Karl der Franke – der Große – und heute: europäische Einheit?